THE AESTHETICS OF WORK

ANDRÉ CHIANG

工作美學

江振誠

悟

是一個很美的字
是時間的長度
是經驗的加總
是智慧的累積
是自我的發掘
是沉澱、是理解
更像是一次對話中得到的啟示

輯一

減法｜堅定的意

輯二

流雲｜溫度的手

輯三

痴迷｜詩意的心

輯四

平衡｜理性的腦

輯五

視野｜創造的眼

序言

追求工作與生活的平衡美

這些年我發現，不少人並沒有將工作當成是一種可以享受挑戰、刺激自己成長的機會，希望離它愈遠愈好。在這個過勞、低薪的年代，過去那種無條件熱愛工作，甚至「一生懸命」的動人氣魄，似乎已經愈來愈少見。而努力追求自己生命成長、承擔起人生責任、為理想燃燒的種種堅持，也變成一種奢望、空談？

我不是很認同這種態度，更覺得這類「不想努力」、「憎恨工作」的狀態需要改變，這也是我在《初心》及《八角哲學》出版了多年之後，現在想要談談「工作美學」的緣由。

這幾年我在各種場合總被問到：「為什麼你能如此熱愛工作，勇於做各種嘗試？」「你如何在長久的工作裡一直保有創意？」「為何你在鑽研料理之外，同時對設計、美學也都能得心應手？」由於這類問題被問太多次了，刺激我反思，到底是什麼原因讓我跟其他料理人不同？最終我發現，我在多年的工作經驗裡，無形中建立了屬於自己的「工作美學」。

所謂「工作美學」，雖有「美學」二字，但是我並不談論高深的哲學理論，而是強調在工作中呈現美感。究竟什麼樣的做法、什麼樣的邏輯、什麼樣的觀點，可以把工作變成一件有美感的事情，進而沉醉在工作，愛上自我成長的喜悅？

工作美學是全心、全情投入所愛之事

或許有人認為，工作美學是天方夜譚，或是達到美的狀態之前，必須忍受嚴苛的修練與考驗，像爬很高的階梯，沒辦法一開始就輕鬆寫意，勢必得要經歷各種挫敗、苦熬，最終才能享受到美的境界。也就是「美」和「工作」會一直拉扯，一心嚮往的未來工作之美，必須先要吃苦受難，方能達成。

對我來說，這種對立是「YES and NO」，對，也不對。我從來沒有一個時刻覺得辛苦。有太多人問我：「在成為大廚的過程中，什麼時候最難熬？」「有沒有跨不過的挑戰？」「當你遇到困難時如何調適或解決？」

「沒有！」我在工作時完全沉浸於一種極度興奮的狀態，像腎上腺高速運轉的幫浦，不斷運轉。好像小時候打電動，不僅怎麼打都不會累，反而愈打愈興奮，愈打愈入迷。而工作為什麼不能如此？打電動也會碰到挑戰，會卡關、會game over，正是因為這些，你反而會拿出一切本領對付大魔王，闖過一關又一關，這過程是刺激而興奮的。我覺得工作本身其實就是打電動，一旦按下啟動鍵，就無法停下來，而且愈做愈興奮，忘了一切。我太太說我是工作狂，我的朋友說我對料理痴迷，因為，工作對我來說，是完美而幸福的事，我享受工作的當下，而且「當下即是」。

許多人常常把工作和生活分開來，覺得「工作」代表負面能量、負面形容，是壓力的同義詞，媒體也經常探討「工作與生活如何平衡」。對我來說，這個命題不存在，工作與生活並沒有分別與對抗性，如果把工作當成一件「美的志業」，就不會只有賺錢這種無奈的對價關係。當我們進入「我的工作是在做美的事情」的狀態，它就不會是負面事物，就是正向、飽含能量的自我成長。一直以來，我做任何事情都要求自己竭盡全力做到最好，不要七十分、八十分，而是追求一百二十分，You just make it all the way，要做，就做到最好，不給自己任何理由。工作美學即是一種全心、全情投入所愛，自然的煥發出光輝與美感。

建立儀式感

工作如何成為一種享受，一種有美感的活動？首先要建立屬於自己的儀式感。

到日本，我們總能看到在公園掃地的清潔工、警察、建築工人、廚師，都有一個專業的模樣和工作儀式。好比建築工人會穿一種樣式非常特別的「鳶服」，大腿寬鬆，褲腳收緊，穿上姆指分開的膠底布襪，像忍者一樣在鷹架上穩健行走，很有職人的風範。他們工作的樣子，我覺得很美，他們所從事的工作也是美的。

我很在意進入工作前後的狀態，早上起床，我會安靜聆聽巴哈的郭德堡變奏曲，穿上對的衣服，醞釀對的心情，走進廚房，將所有的食材、砧板、刀子、抹布都放在最理想的地方，作業台閃閃發亮，呈現萬事俱備、百物落位的畫面。藉由一連串的儀式感，讓我進入一種寧靜而有效率的工作狀態。當你的心緒沉浸於一種平衡、穩定的狀態，很多東西就會變得清晰可見，靈感源源不絕湧現。

「美」，來自平衡

我所有對於美的領悟，都來自於料理的啟發，我將每一件事情都當作是做菜。一道料理，最重要的不在於食材的貴賤、簡單或複雜、常見或稀有，重點在於平衡。盤子內外的每項元素，都能找到它最適合的位置，即能成為一道美味佳餚。

平衡是美的，它融合了專注、穩固、安定，可以幫助我們創造出美的事物。美學是一套審美的邏輯架構，幫助我們能在各種不同的情境下，做出最適合當下的判斷，讓所有參與其中的人都能感受到「平衡」，感受到美。

我也以「平衡」來領導一個團隊，管理各家餐廳，思索每位客人完美的用餐體驗所該具備的一切細節。「平衡」如同我在料理上的「八角哲學」，是一種工作方程式。每個人每天的工作內容可能都不一樣，但運用這個公式，可以幫助我們在工作和生活之間找到平衡，讓工作變成美的。

在這本書中，我將以五個面向來闡述我對工作美學的各種體悟與思考，也大量援用了我在新加坡 Restaurant ANDRÉ，以及台北 RAW 兩家餐廳的經驗值，裡面的內容直接或間接都呼應了「工作美學」這個主旋律。「工作美學」是我在自己職涯中徹徹底底、活生生的實踐了三十、四十年。它雖然不是一蹴而就，但這本《工作美學》是一個開始的嘗試。

減法—堅定的意

輯一

他人的期待並不等於我要走的路。
一個人的時間、精力、能量都有限，
如果能夠全部放在自己最想做的事情上，
去完成自己最想達成的目標，那人生才會快樂。

我的三棵橄欖樹

Chapter 1

每個人都必須找到一個屬於自己的象徵，
這是人生中極為重要的事，它會影響我們前進的方向，
時時提醒自己的初衷是什麼。

我的紀錄片「初心」英文片名是*André & His Olive Tree*（江振誠和他的橄欖樹），影片中也出現了這三棵橄欖樹。很多朋友大概會好奇，為什麼我特別鍾情於橄欖樹？

台灣不易見到橄欖樹，在我的成長過程中，橄欖樹對我並沒有太特殊的意義，印象也不深，頂多是小時候吃過醃漬橄欖，難忘它那酸澀甘甜交織的味道。可是等我漸漸長大，決定走向法國料理的世界，橄欖樹卻成為我人生夢想的永恆寄託。

是撫慰、是陪伴，也是提醒

我的第一棵橄欖樹，是二十多年前剛到南法當學徒時，房間窗外的那一株橄欖樹。那株橄欖樹高大挺拔，只要向窗外望去，就無法忽視它。它似乎近在眼前，伸手可觸，但其實遙不可及。如同法國料理所樹立的高聳屏障，對於初窺其堂奧的我，感覺可望而不可及。我往往只能隔窗遠眺，或是走到樹下凝望，偶爾躲在樹蔭下乘涼，讓它像老前輩一樣，撫慰我的疲憊。歐洲油橄欖是百年樹種，對比當年才二十出頭的我，代表了我一直憧憬的理想與無悔的追尋，時時提醒我前面的道路和方向。

我的第二棵橄欖樹，是新加坡 Restaurant ANDRÉ 前庭的那棵橄欖樹，和南法窗邊的那棵是同一品種，已經四百多歲了。打從餐廳開始籌備，我就特地將它從南法移植過來。剛移植來的時候只有一截粗幹，無枝無葉，赤裸裸的，根部布滿凸起的老樹瘤，底端盤踞著強韌的根系。橄欖樹需要季節和溫度高低變化，才能長得好，在四季如夏的高溫與潮溼的環境使得它變得脆弱。我千里迢迢的將它運來新加坡，承諾要好好照顧它，也一直擔心它會因為沒有我而死掉。

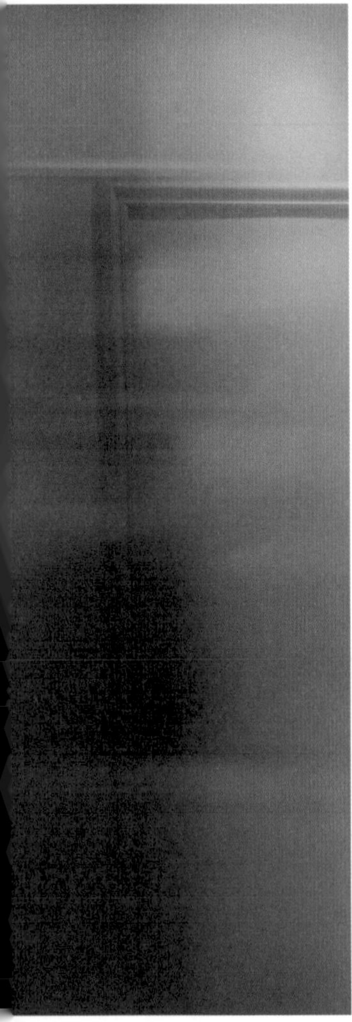

初來乍到，我沒有朋友，就只有這株橄欖樹，它像是我唯一的朋友。我努力適應一個新的地方、新的人事物、新的一切，就好像它也竭盡可能的適應新加坡的土壤、空氣和水。我每次看到它，孤伶伶的守在餐廳門口，努力抽芽生長的模樣，便油然升起共同打拚，攜手在異鄉存活下來的心情。

每天出入餐廳大門，在木質地板切割出的空間，感覺到這株橄欖樹簡直像個「盆栽」般，侷限在一方小小天地裡，它只比我個頭還高一點，也像那時已經學成但還年輕的我。它沉默靜立，我可以感覺它為了成長茁壯付出了多少代價，好像我從台灣前往法國，再從法國來到新加坡，一直在適應不同的工作場域與狀態。它不言不語、卻總是激勵著我，無論面對怎樣的未知，只要看著屹立不搖的它，我就能變得堅強。

不負所望，幾年下來，這株橄欖樹在新加坡的熱帶藍天下，老幹新枝，重新開枝散葉，那一抹綠，也成為餐廳門口一道優美的風景線。長橢圓形的革面厚葉，互相對生，老葉深青、新芽鮮綠，微風吹過，枝葉輕緩搖曳，在陽光下閃閃發亮。

這棵橄欖樹提醒著我不要忘本。就算離開了法國，也不要忘記自己是從什麼地方而來，我沒有忘記引領我前後二十多年的恩師，也沒有忘記自己料理的根是什麼。更重要的，那棵橄欖樹對我來說是一種陪伴，激勵我適應另一個陌生地方。

離開前，我將 Restaurant ANDRÉ 前庭的那棵橄欖樹捐贈給新加坡植物園，由專家繼續照顧它。我的第三棵橄欖樹，則是二〇一八年我決定回到台灣後，在宜蘭家中種下的那棵橄欖樹。我在新家的天井中，種下另一棵不同品種的橄欖樹，代表我回家了，充滿「落葉歸根」的意義。

這棵橄欖樹適應了台灣的風土氣候。對我來說，它連結過去的我、現在的我，以及未來的我。我帶著法國料理學到一切，回到台灣開設了 RAW，選用台灣的食材，運用法國料理的技巧創作全新的料理，讓RAW料理中充滿了台灣味。忙碌之餘，我投身教育，到大學當講師，傳授台灣有志於餐飲業的年輕人微型創業、環保、食安、社會責任、美學涵養以及台灣味計畫等。我也開設了「大師工作坊」，對各行業的新銳翹楚、企業主管與餐廳經理人，北中南共七百五十個中小企業品牌，分享關於品牌建立、財務計算、人員管理等各種經營管理上的祕訣，以及未來廚師應有的人文素養與哲學思考。

第三棵橄欖樹，踏踏實實扎根在這塊土地上生長，恣意伸展枝椏，再也不必受限，不需再移植，如同一種自我完成的實現。

找到屬於自己的坐標，時時指引方向

在台灣，我承襲以前在國外的養分，現在的我，是主廚、是老闆、是教練，也是老師，我拓展了人生更大的舞台，做為一個融合台灣、法國與世界，下一個階段新的自己。我很幸運，也很感謝，每個不同階段，都有一顆橄欖樹陪著我，提醒著我對料理的初心、對自己的期許為何，讓我面對不同的邀約，甚至誘惑，可以定下心來，確認自己想要成為什麼，不會迷失。

我覺得，每個人都必須找到一個屬於自己的象徵，這是人生中極為重要的事，它會影響我們前進的方向。不一定是橄欖樹，但透過一個每天會看見、始終不變的標竿或象徵，時時提醒自己的初衷是什麼？現在是否走在原本希望的路上？在面對人生許多岔路或選擇時，得以重新校準，得到前進的力量。

留白是頓悟的開始

Chapter 2

一段獨特的「留白」時光，每天面對一片無垠的藍海，
我彷彿蛤蠣吐沙，將各種雜質過濾清除。

我在南法蒙佩里耶（Montpellier）的感官花園（Jardin des Sens）工作了九年，一切順風順水的發展，也為我的兩位恩師，米其林史上最年輕的雙胞胎主廚賈克・普賽（Jacques Pourcel）及羅宏・普賽（Laurent Pourcel）遠赴上海、曼谷、巴黎、東京展店。當這些完成之後，我有一種強烈的感覺，不願今日的我重複昨天的自己，內心深處產生強烈歸零的渴望。

二〇〇六年，我拋下一切，帶著太太和三個夥伴到印度洋中央、與世隔絕的塞席爾（Seychelles）工作，在這一個遠離都市、地圖上快要找不到的無何有之鄉，展開完全不同的生涯。你能想像嗎？在世界排名第一的海灘上，擁有全世界最大種子的海椰子棕櫚樹，就只生長在塞席爾群島中的兩座島嶼之上，它的種子重達十八公斤，油油亮亮的圓潤兩瓣，外形乍看很像人類的臀部。想想這個地方要有多偏遠、多遺世獨立，才能演化出這樣獨特的物種。

減法與留白

一切超乎想像。在這將近兩年時間，對我是個意義重大的轉捩點，最大的收穫並不是我曾博得所謂的「印度洋上最偉大料理」的名號，或登上《時代雜誌》（*Times*）的版面，而是我對料理有了新的頓悟，並構思出《八角哲學》的芻型。

這是一段獨特的「留白」時光，每天面對一片無垠的藍海，被棕櫚樹的綠意圍繞，在茅草屋頂下，我彷彿蛤蠣吐沙，將各種雜質過濾清除。

我們一生當中，每一天都在被各種資訊影響，資訊的洪流幾乎以光速撲面而來，彌天蓋地，一般人很難遁逃。這些形形色色的訊息，充滿各種暗示，好比現在流行長髮、這個季節要穿條紋外套、牛津鞋、塗紫色口紅、化煙燻妝……，說穿了這些都算是某種資訊操控（information manipulation），英文 manipulate 這個字由 mani（hand）、pul（full）、ate 這些意思所組成，字根 mani 是「手」，manipul 意指「把手填滿」，將一切掌握在手中，最後演變成以某些手段操縱人心或事物。

特別今天網路及媒體這麼強勢，轟炸而來的資訊逐漸麻痺我們的思考，加上演算法的精準計算，令我們不知不覺間變成「提線木偶」，喪失自主判斷。是幸運，也是不幸，但這已是我們日常生活的現實。無法避免的，創作也是一樣。十幾年來，我只在米其林三星餐廳學習與工作，可說是由法式料理一手培養、訓練的廚師，身上流著三星的純正藍血，對法式料理應該長成什麼樣子，有很強的定見。這也算是一種制約吧。我的老師們個個都是頂尖名廚，也都有非常鮮明的個性，比如說這個牛肉我跟這個主廚學、那種醬汁我向另一位主廚請教……，每一種料理都有獨到的脈絡與師承，同時美味到無可挑剔，足以名列經典之作。

什麼是自己的原生種

突然有一天，當我在做一套菜單時，我發現眼前沒有一樣東西是我自己的，全是「東拼西湊」得來的。我覺得某道菜要配醬汁，我學過某大廚的醬汁很好吃，就自動複製出來，或是我要燉牛肉，無形中就使出之前曾向某位老師學來的方法，點綴幾下自己的手藝，讓它變成一道「很像是」自己創造的料理。但其實不是，就連我之所以會認為「牛肉應該這樣料理最美味」，都是被老師們所影響的。結果，很不幸的，我發現自己所有的創作就像一部「拼裝車」，即使我做的料理看似合理，拼得很美，味道也很好，但沒有一種創意是我自己發想出來的。譬如煙燻鮭魚就要搭配水煮蛋、洋蔥、酸豆……，這類固定組合都被視為理所當然，牢固到一點都不必懷疑。也就是說A+B=C，這個C是依樣畫葫蘆拷貝自我的老師，完全不是A+B之後，化學變化產生全新而獨立的C。

在這個汪洋大海的渺小島嶼，想到這裡不禁心慌，我問自己：「那麼我的C在哪裡？」深一點挖掘下去，我們所有的東西都來自資訊，要如何去創造獨特的作品？除非沒有資訊影響。如果我每天滑FB、IG，很輕鬆知道現在大家追逐什麼？誰在做什麼？什麼是現在最新、最潮的食材？不管是設計也好、流行也罷，無形中都會影響我的創作方向。如果我還在紐約或東京這樣的大城市，我不可能避開這些影響，永遠沒辦法找到自己真正想要的東西。我到底是誰？什麼能夠說是我獨一無二的料理？如同那獨一無二的海椰子，我的「原生種」是什麼？

發現「本真」的可貴

有機會來到塞席爾群島，這裡對我來說，是個完美的地方。我對尋求自己原生種的欲望愈來愈清楚。我每天都在想，什麼不是A+B拼湊出來的C，而是自己長出來的C。在這裡，一方面免除資訊的干擾，一方面在心境上返璞歸真，我可以很誠實的直接面對食材。好比今天有蘆筍，我會問自己最想吃什麼樣子的蘆筍？什麼狀態的蘆筍是最好吃？此時腦中閃過的，不再是我曾經學過怎麼做蘆筍，或是我曾經吃過好吃的蘆筍。在那樣的環境待了兩年，我慢慢找回自己對食材的感覺和關係，沒有人教我一定要怎麼做，創作轉變成一種非常直覺的渴求，那時發想出的，就是我的「原生種」，那些味道就是我的「原生味道」，所引發的種種反應，就是最原生種的反應。

另外的體悟是，早年我曾以為廚師做料理的責任，就是把技巧學好，能夠在這一個食材上面嘗試別人沒有做過最新、最炫、最時髦的技巧。然而走向下一個階段之後，又期待能得到各種貴重的食材，可以盡情創作。畢竟大多數的人都認為高超的技巧加上昂貴稀缺的食材，才能構作出一盤好料理。這樣的想法，曾經在學徒階段給我很多養分。然而，在塞席爾群島這樣的高級渡假村，所有來的客人非富即貴，他們能有什麼沒吃過？什麼樣的花樣沒見過？鵝肝、松露、魚子醬，再貴的食材都已經嘗遍了。面對這樣的客人，我到底可以拿出什麼？可以用什麼驚喜震撼他們？

我不再能用精心設計的擺盤、昂貴的食材、絢麗的技巧來取悅客人，真的能夠打動客人的可能不是這些。我開始從客人的角度理解，想著什麼樣的料理會讓人產生共鳴與感動？可能他們需要的只是一碗很簡單、很暖心的湯，又或許是一種從來沒吃過的馬鈴薯料理。如同電影「料理鼠王」（*Ratatouille*）裡最後打動人心的「雜菜煲」，一盤充滿靈魂與愛的料理，讓原本苛薄尖刻的美食評論家，流下了懺悔且心動的眼淚，像媽媽給在外面玩了一天回家的孩子，無條件的溫暖懷抱。回到「初心」，當我們面對一盤菜，捨棄過往用不同的技巧，拚命往上疊加的執迷，回過頭來才發現，繁華落盡之後，「本真」（authenticity）的可貴。

孤寂之必要

若是有人問我，在這個過程中，會不會擔憂被主流世界遺忘、跟世界脫節、被人忽略？或是將來回來發覺別人都進步了，進階到更終極夢幻的廚藝，而自己卻追趕不及？或許會，但是兩年後，當我再回來的時候，卻得到完全相反的回應，他們反而問我：「大家都是這樣子擺盤，這樣的搭配，你為什麼這麼特別？」「為什麼你會想到那樣子做？為什麼你會將龍蝦配培根？煙燻鮭魚搭冰淇淋？」因為我已經沒有在他們的世界裡打滾了，大家反而覺得特別，不斷追問我：「你的靈感從哪裡來？」「這些想法的靈感是什麼？」

這也算是自廢武功，一個人跋涉在孤寂創作之中，但這樣的隔絕是必要的。當所有的人都在同一個平台上去找資訊，他們就會得到同樣的資訊，這是我們時代很大的問題，我 Google 得到，你也 Google 得到；我看 I G，你也看 I G；我搜尋誰，你也搜尋誰。表面上我們所有人沒有國界之分，所有人看的東西都一樣，那麼如何不同？

當你沒有這些資訊時，你就必須誠實的面對你的食材。平時很常見「煙燻鮭魚」的做法，總是搭配水煮蛋、洋蔥、酸豆。但是，為什麼這樣做？沒有人知道，可能最早有一位開創性的主廚做了這事情，成功被定型之後，留傳至今。沒有人知道他的想法，也沒有人問為什麼非得如此？既然如此，我們為什麼要不斷重複？

悟道的經驗

尋找「原生種」並不是對我過去法式料理養成的某種反叛，對我來說，之前在三星餐廳接受到的正統訓練都是養分。有了這些養分，才能墊高我的視線和技法，如果學了這麼多師傅的武功之後，全部放掉，那麼之後剩下最基本的功夫就是understanding——我對這個食材多了解，而不是我要怎麼煮。因為我已經學過一百種煮的方法，那第一百零一種會是什麼？那就要看我對食材有多了解，我才能夠再發明第一百零一種。每一個頂尖的主廚都因為不想重複，而在這過程當中找到自己。

在塞席爾，我發現沒有一種既定的食材、風格或者醬汁能夠代表我，於是我卻悟出了「八角」可以構成一種清楚的對應架構：鹽（salt）、質（texture）、憶（memory）、純粹（pure）、風土（terroir）、南法（south）、工藝（artisan）及獨特（unique），這八項元素永遠在我的每一道料理中呈現與演繹，不再是某個大廚教我某種醬汁，而是我得以從那些醬汁裡進一步掌握到背後的原理，之後便開創出數十種不同的醬汁。

「八角哲學」是我三十多年廚藝生涯中最重要的觀點，就像是一種「頓悟」，如同一盞燈在黑暗的房間裡被打亮了。每個人應該都要有一段這樣的獨處時光，因為這樣自我放逐式的訓練，讓我發展出自己的特色與哲學，從此出發，開始走向完全不同的 André Chiang。

志業路上永遠的少年

Chapter 3

我對料理的初心，
不是「我有一天要成為世界第一位華人米其林三星主廚」，
而是不斷嘗試、創新、發現，從料理中找到我自己對世界的想像，
並把這個想法，傳遞給別人。

二〇〇八年，我離開塞席爾，決定落腳在新加坡，我的第一間餐廳是位在市中心精華地段的史丹福瑞士飯店（Swissotel The Stamford）的法國餐廳JAAN par André。這家現代主義風格的飯店高達七十三層樓，是由著名的建築師貝聿銘設計，也是東南亞最高的飯店之一。飯店位於地鐵站和商場之上，還能眺望金沙灣無敵夜景，集眾多優異條件，但最重要樓層的那間餐廳始終做不起來。接手之後，我以自己的英文名字開了餐廳JAAN par André，短短十八個月就獲得「聖貝格勒利諾全球最佳50大餐廳」。這件事當時在新加坡引起轟動，甚至上了報紙的頭版。大家都在問，這個人是誰？這家餐廳在哪裡？怎麼會橫空出世，一出手就直接進入世界五十大？彷彿硬生生拔地而起，就變成新加坡最好的餐廳。

這是我在塞席爾沉潛兩年之後，投入心血澆灌的作品，對我及團隊自然意義非凡。記得我從倫敦參加完頒獎典禮，回到餐廳那天，大家早已等在那裡，情緒高亢興奮簇擁著我，眼見香檳塔也已經高高疊起，大夥正準備開香檳慶祝一番。但是，手裡握著熱騰騰獎座的我卻說：「我們明天就把餐廳收掉！」這可能是我當時人生中最大或最瘋狂的決定。

不要被眼前的成果侷限

我的朋友都說：「André，你瘋了嗎？」但我心底很清楚，當時的JAAN par André並不是我最滿意的樣子。並不是我覺得自己配不上這個獎，而是我覺得我還可以做得更好。那間餐廳因為在飯店內，空間有所侷限，我知道在那樣的空間中，就算繼續給我資源發揮，我最多也只能做到什麼樣的程度。

然而，同時我也知道我自己潛力還有多大，如果我可以做出一百二十分的東西，為什麼要屈就在一個只能做出八十分的空間中呢？於是我毫不猶豫的收掉了

JAAN par André。這個放棄，也才讓我找到了後來的地點，經過三個月籌備，就開設了 Restaurant ANDRÉ，竭盡我所有的意念與哲學，從零開始，完整打造出我心目中理想餐廳的模樣。當你知道自己可以做到更多、更好時，就不要被眼前的成果所侷限，讓自己不敢放手，尋找更大的舞台。就像我當初決定關掉 JAAN par André，能夠在輝煌時做出離開決定的人，絕對不是為了離開而離開，而是為了做更大的事。Restaurant ANDRÉ 開幕之後，我跟團隊夥伴也下定決心要讓新加坡以我們為傲，讓亞洲以我們為榮，成為世界上最棒的餐廳之一。

初心要不斷提醒、刻意練習

事實證明，我們真的辦到了。二〇一七年秋天，我的料理生涯正好滿三十年，而 Restaurant ANDRÉ 成立七年以來也一直受眾人推崇，不僅摘下米其林二星，也曾連續三年被評選為「聖沛黎洛全球50最佳餐廳」，而且排名亞洲第二和新加坡最佳餐廳，不僅被《紐約時報》（*The New York Times*）列入「全球最值得搭飛機專程前往的十大餐廳」之一，甚至被新加坡政府稱為「來新加坡的四十四個理由」之一。

在這種聲勢的高點，我們很自然也被看好在未來一、兩年內，就可以奪下三星，成為華人主廚中的第一人。而紀錄片「初心」的導演最初也計畫藉由拍攝影片，同步見證我拿到米其林三星的歷史性一刻，把那種喜悅、感動、榮耀與血淚交織的激情全都記錄下來。但是拍攝沒多久，他卻迎來了一個最意外的反高潮，那就是我向所有人宣布：「我即將結束Restaurant ANDRÉ。」這個決定，對所有人來說都非常突然，工作人員當下震驚、太太掩面哭泣，而我卻坦然前行。記得那天是十月十日，也是我結婚十三週年紀念日，我卻當著所有夥伴面前，朗讀這樣的聲明：

江振誠將帶著他的夥伴在二〇一八年二月十四日為 Restaurant ANDRÉ 畫上句點。

你或許會好奇：「為什麼是現在？」因為，此刻，是我人生中最棒的時刻，每天，我走進餐廳，走進廚房，我看到每個人、每件事都井然有序、閃閃發亮、無懈可擊，我從來沒看過任何一家餐廳像這裡這麼棒！這裡的每位夥伴都如我所求的那樣完美，這個完美的團隊應該是我這輩子僅見，而且我們一起達成了所有我們想達成的一切。

我將歸還米其林二星，同時，提醒二〇一八年的新版新加坡米其林指南，請將 Restaurant ANDRÉ 排除在考量之列。米其林指南即將在亞洲區發展，我衷心的期待 RAW 是一個單純的所在，在這裡，未來我會更專注在教育與培養人才，我從 Restaurant ANDRÉ 退役後，能在這裡更單純享受做菜的樂趣，因此，我也懇請將台灣（或台北）米其林指南將星等留給

RAW以外的餐廳。

消息傳出之後，很多人不了解我為什麼做這樣的決定。有朋友忍不住惋惜：「為什麼不等拿到米其林三星後再走？明明就近在眼前了啊！」一位非常知名、地位極高的餐飲人甚至打電話問我：「André，你知道如果再撐一年，明年你就是亞洲第一，排名世界前十大！你為什麼不再等一、兩年（結束餐廳）呢？」我告訴對方：「如果我願意再多等一、兩年得到這些榮耀的話，就表示我真的很在乎、很想拿到，那我幹麼會要現在關店呢？」

知道要什麼，就不會什麼都想要

我心裡也明白，接下來 Restaurant ANDRÉ 就是直接攻頂了，以當時每年躍進的速度，拿到三星不只是十拿九穩，而且是一、兩年內的事。但正因為知道接下來就是攻頂了，我思考的反而是「攻頂之後」呢？我不斷問自己：「米其林三星、世界五十大，然後呢？這樣就一切都完美了嗎？」

如果攻頂之後就只是這樣，那些頭銜、那個分數，難道就是我一生追求的嗎？我突然覺得一陣空虛。那一刻，我明白我一直在追求的，不是幾顆星星或世界排名，而是「什麼讓我最滿足」，這不是虛的、不是別人可以給予的，而是我自己內心的想望。正因為快要到拿到三星，快要到了所有人眼中的那個最高峰了，這件事反而特別明白。近在咫尺的終點，摘下三星，和我對料理、對這間餐廳的初心並不相同。我對料理的初心，並不是「我有一天要成為世界第一位華人米其林三星主廚」，而是不斷嘗試、創新、發現，從料理中找到我自己對世界的想像，並把這個想法，傳遞給別人。這件事，比起拿到更多的星星，才是做料理真正讓我興奮、一直樂此不疲的原因。

完美的時候，就是放手的時候

很多人問我，這兩件事難道不能並存嗎？再多等一年，拿到三星後再結束餐廳，完美句點不是更好？我會決定關店，就是體認到我在那個時刻已經達到我所想要的，不用因為別人眼中的還應該要怎樣，而違背我自己對「完美」的定義。這就好像我畫了一幅作品，旁邊的人一直指點「你這裡再加一棵樹會更好」，但我心底明白不需要，因為我知道我的作品裡並沒有少任何東西。同樣，就算沒有三星，在我的人生裡，Restaurant ANDRÉ 這件作品也沒有缺少任何東西，當下就是我心裡頭的完美了。既然已經達到我要的，我就不需要「貪心的什麼都要」，畢竟如果那個時刻我最滿足、最開心，為什麼還要因為別人的建議，再硬生生添加什麼上去？

我一直認為：「完美不是功成名就，而是放下。當你真的能夠放下時，才是真的完美。」如果說完美是沒有欠缺，那當你真的到達「完美」時，代表所有事情都成了你最想要的模樣，沒有什麼還差一點的可惜，也沒有哪裡還沒完成的遺憾，這時自然可以非常坦然的放手，灑脫的走到下一個階段。這也是為什麼我會說，當一個人可以放下時，才是真的理解什麼是完美。我的自傳《初心》封面上有句話：「當我覺得一道菜完美的時候，就是我放手的時候。」這句話解釋了所有的事情。他人的期待，並不等於我要走的路。一個人的時間、精力、能量都有限，如果能夠全部放在自己最想做的事情上，去完成自己最想達成的目標，那人生才會快樂。

不需要透過獎盃來肯定自己

我認為每個人一開始都是那個「最初的自己」，但過程中總是因為無法堅持而漸漸偏離原則，最後變成「努力成為別人眼中的自己」。例如，年輕時，我們可能都對於工作或生活有某些美好的夢想。但隨著年齡增長、職位升高，看著周邊的人買了車、買了房，就覺得自己不應該輸給對方，應該要買更大的車、更大的房，賺更多的錢，有更高的頭銜。彷彿如果沒有和別人一樣，或是擁有更多，就很失敗。但我們當初投入工作，目的是為了在幾歲時，就要贏過同事、親戚或鄰居嗎？應該不是。所以我總問自己：「今天那個獎牌掛在我脖子上，我就真正滿足了嗎？就覺得我的廚師生涯，了無遺憾了嗎？」想清了答案，這件事也變得很明白，該怎麼決定也就一點都不用猶豫。獲得外界的肯定，當然讓人很開心，但得獎只是人生過程的一小段而已，有或沒有，都不應該代替我決定未來，成為什麼更不應該是我人生最重要的方向與目標。

準備回到台灣前夕，正在整理當時餐廳租的一間儲藏室，裡面放滿了我十年來拿過的各種大大小小上百個獎盃和獎牌。同事問我：「Chef，這些要怎麼打包？」

我看著滿屋子獎盃，對大家說：「哦，這些我都不帶回台灣。」但在我這樣說完後，卻沒有一個人敢動作。他們急切的說：「不行，這是主廚這些年的心血成就啊！」我說：「沒關係，我不帶走。」他們努力嘗試要說服我，最終，那些獎盃我還是沒有帶回來，而我一點都不覺得可惜。因為那一幕已經在我心裡了，回顧過去十年，我，已經滿足了。

不重複自己，要相信還可以更好

獎盃很重要，那是我們所有人確實努力過的證明，在得到的剎那，它肯定了我們團隊那一段時間的付出。但明天呢？得到獎牌就代表一個人能力頂天了嗎？我想並不是。成功的下一秒，應該就忘記，let's move on！就像我做料理，從來沒有留過一份食譜，做完就結束了。不管是新加坡 Restaurant ANDRÉ、台灣的

ＲＡＷ，這麼多年來，我從來沒有重複過任何一道菜，就算某道菜再受好評，只要一季過去，我絕對不回頭，要相信還可以更好！

之前，ＲＡＷ的主廚曾經非常喜歡某一季菜單，忍不住問我：「Chef，我覺得那些菜真的很棒，我們要不要留著？」我毫不猶豫的回答：「不要。我們可以想更好的啊！」我回答得毫不猶豫，也相信我們可以做到。

在我心中，任何一道菜，不管受到多少讚美，就只是存在那個特定時刻的產物，團隊如果想要繼續進步，就必須學會放下。因為，當一個人沒有過去可以依恃時，才能不斷往前走，才能更敏銳的感受環境的此時此刻。如果糾結於現在手上掌握著的最好成果，反而會讓一個人再也沒辦法突破，得獎高興一秒就好，把獎盃留在記憶裡就夠了。一個人要進步，就得先學會不斷忘記。唯一不能變的，是做這件事的「初心」。就像我直到現在，每次想到要做料理、尋找食材，內心就會充滿興奮，就像我十二、十三歲少年時，那種對於「要動手去創作」的高亢與開心一樣。所以，怎麼樣才能成為一位傑出的廚師？並不是拿許多獎，而是不斷更新自己。忘記是為了更好，得過的獎、做過的菜，都不是，也不應該放不下，最終成為束縛一個人的累贅。

放手，才能重新定義自己的輝煌

所謂「初心」不會一直存在，它需要一直要被提醒。當你覺得自己在為工作而犧牲，要忍受各種折磨時，那便代表你的初心不在、熱情熄火了。血肉之軀的我們，很容易因為各種阻礙或誘惑，讓內心爬滿了鏽斑，視野遭受蒙蔽。所以，初心要經常溫習、刻意練習，就像鍛鍊肌肉一樣。

前幾年，我看到日本棒球巨星鈴木一朗宣布退休。我覺得一個男人最帥的時刻，就是當你 step down from what you do best（從你最擅長的事退下來），能夠在輝煌時退下來，那個瞬間是最帥的。每一個人都一定有那樣一個瞬間，但能夠勇敢選擇放手的人卻不多，很多人只是一直等、一直等，直到那個瞬間消失，人也失去熱情，漸漸被人取代，從時代的落寞中無聲無息的淡出。

被自己的成功綁架，原本甜蜜的果實終將演變成苦澀的負擔。之前關掉 JAAN par André，代表它的階段性任務結束；而之後關掉 Restaurant ANDRÉ 餐廳，也是為了開展下一個階段的創作。惶者生存，成功一日就丟，放手，才能重新定義自己的輝煌。

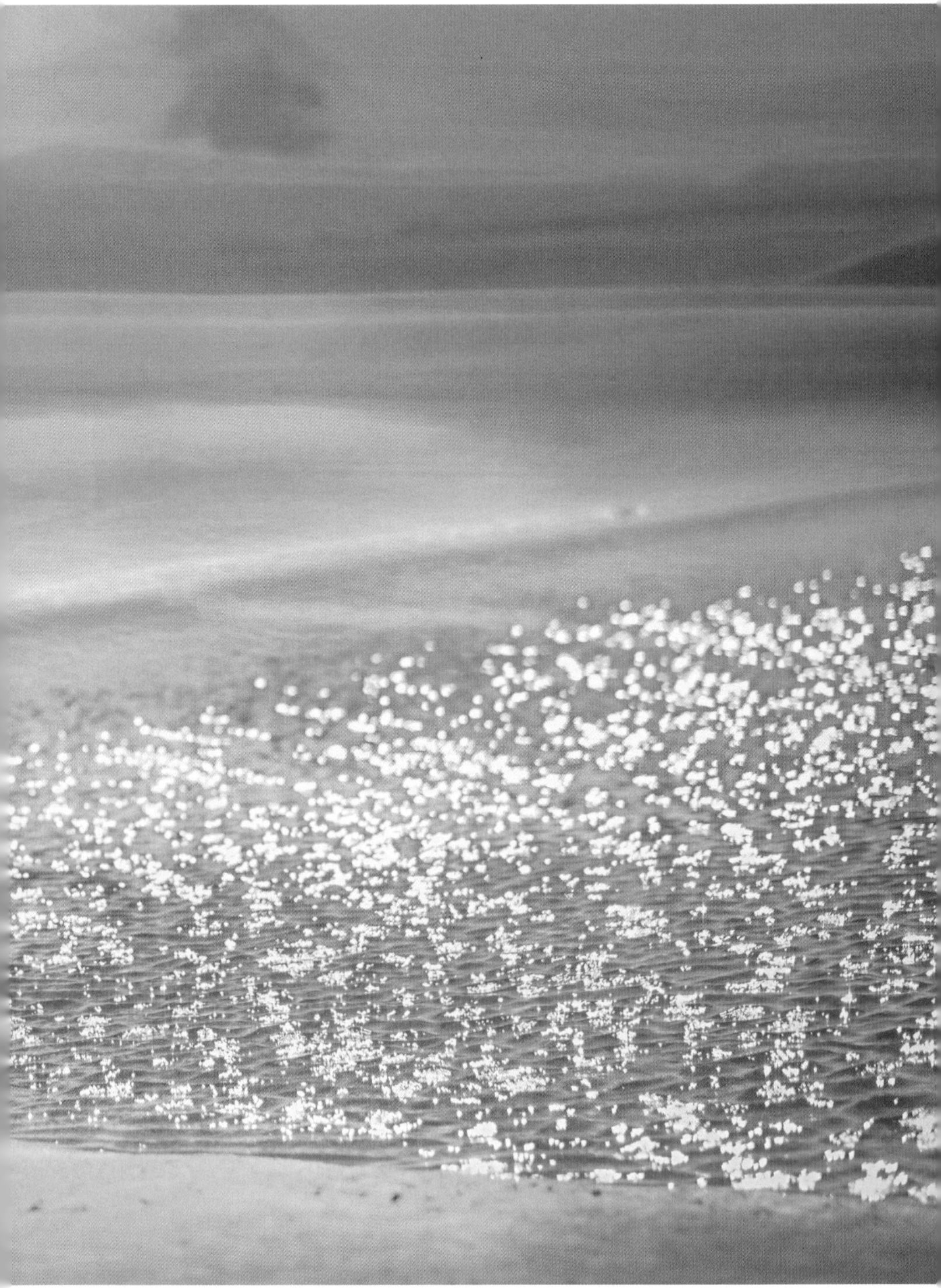

當快樂的廚師

Chapter 4

最高的喜悅並不在於別人頒獎給你的瞬間，
而是你找到做這件事情的快樂。
過程中的每一個努力，都是一種自我的再確認，
確認我們的作品是美好的、對的、快樂的。

在盛名光環之外，很多人以為在名店工作很風光、很時髦，但是大部分的人不能了解的是，從事餐飲工作，九五％全是辛苦的過程，花時間、重勞務、燒腦、費心、高壓……。可是，為什麼我們還願意做這個工作？到底料理讓人快樂的地方在哪裡？

其實就是為了那剩下的五％，當我們在創作時，只要貼合食材的自然性，就可以天馬行空，沒有任何限制阻礙，盡可能突破發揮。這是料理人感到最快樂的時刻。也就為了這靈光乍現的美妙瞬間，九五％的辛苦都不再是問題。所以，我常提醒夥伴們：「為什麼想成為一名廚師？」不該是為了出名，不該是因為有幾千人來按讚，而是為了創作出一道道美好料理的當下所帶來無可比擬的快樂，並且，透過創作成為一個更好的人。

為單純的快樂工作

記得幾年前《八角哲學》出版時，一口氣以三種語言同步於二十一個國家發行。當時，我馬不停蹄飛往二十一個國家辦簽書會。記得在澳洲那一站，排隊人潮中來了一個小朋友，他胸前抱著厚厚的《八角哲學》，耐心的站在人龍裡。輪到他上前了，我看著他，好奇的問他：「你幾歲？」他說：「十三歲。」「十三歲！」好巧，就像我十三歲開始當廚師一樣。我再問他：「你想當廚師嗎？」他回答：「想啊，我想要當廚師。」我接著追問：「What kind of Chef do you want to be?」（你想當什麼樣的廚師？）他睜大眼睛，興奮的回答：「I want to be MICHELIN star chef, world fifty chef!」（我要當一個米其林三星的廚師，世界五十大的廚師。）我看著他，陷入幾秒的停頓，然後告訴他：「No, just be a happy chef.」（不，你要當一個快樂的廚師。）

這件事給我很大的震撼，因為當年十三歲的我，就跟他一樣抱著米其林的書而憧憬著。我從來沒有上過廚藝學校，我一直用自己的方式學習如何當一名廚師，在這個過程中，我希望跟世界最好的廚師在最好餐廳工作，也希望得到最高的榮譽。走過這些歷程，我發現「米其林」並不是我工作的目標，我只想回到做菜單純的快樂。

「歸還」代表對法國料理傳統的尊重

我覺得每個餐廳裡都像集合了各種運動員，有的能跑百米，有的可以攀岩，有的擅於游泳，有的專攻馬拉松……，很自然的，沒有一種運動，能有單一的標準可以衡量，也不是所有的選手都想加入比賽較勁的行列裡。我是全台灣得到最多星星的主廚，最高時連相關的餐廳總計達到九顆。不可諱言的，很多餐廳因為拿星而聲名水漲船高，也有主廚因為掉了一顆星罹患憂鬱症，甚至自殺。也有餐廳打官司拒絕米其林，不想受它操控，認為只要存在星級評鑑，或多或少都影響著廚師創作的獨立性。

我在之前的聲明中，特別用了「歸還」的字眼。因為我從接觸法國料理到現在，從小到大的養成學習過程全部在米其林三星的餐廳。很自然的，米其林對我們這樣自詡為法廚「藍血貴族」的人而言，就如同「聖盃」，是我修習廚藝一直以來追求的目標，我也理所當然的認同這件事情。但是當我到了摘過星的狀態之後，我才發現我真正的快樂，並不是摘星這件事。

為什麼我會用「歸還」這兩個字？就好像你原本一直希望擁有一個物件，有一天有人將它當成一個很珍貴的禮物送給你，你很珍惜，因為這是你想要的。可是之後，因為某些緣由，你想要歸還這件禮物，你會把它丟到垃圾桶？或是把它歸還給原本送給你的人？我選擇後者。對我來說，這是一種尊重。或許有人覺得不需要做這個動作，但正因為我是在正統法式料理系統裡長大的，很珍惜星星的光芒，所以我才會用「歸還」的方式來收尾。

或許有人覺得也許是我拿過二星，已經站在一個高點上了，知道那個滋味。但我歸還星星，是想要回到單純做菜的「快樂」。拿到星星曾經是快樂的，因為以前養成的過程，都在告訴我「摘星」是衡量快樂的標準單位。一星很快樂，二星非常快樂，三星簡直快樂得不得了，如果你有兩間餐廳，六星就是極度的快樂。但是後來我發現，其實快樂的單位並不是用星星來衡量，或是用任何獎項來衡量。如果一味只追求星星，其實會很不快樂。

而我或許就好像一匹賽馬，講究的是血統，牠的親代是誰？有幾個冠軍？這些都有證明書。牠打從出生開始，本命就是比賽，集中所有獨特的優異條件訓練牠跑得快，精心栽培之下，牠做到了。但後來這匹馬發現，牠最快樂的事就是在大草原上，沒有眼罩、沒有馬鞍、沒有皮鞭……，自由自在徜徉，想吃草就吃草，想奔跑就奔跑。拿到「米其林」對團隊是一種肯定，對我來說是一種自我的證明、「自我實現」的勳章而已，但是對食客或餐廳員工，並沒有任何不一樣，也不是最重要的事情。

世界是自己的，無關他人

後來我歸還星星的事情被媒體大肆報導，我便在IG上發了（據說是）作家楊絳的「百歲感言」，她的話代表了我想說的一切：

「……我們曾如此渴望命運的波瀾，到最後才發現：人生最曼妙的風景，竟是內心的淡定與從容……我們曾如此期盼外界的認可，到最後才知道：世界是自己的，與他人毫無關係。」

好像我在第一本書《初心》寫的一樣，最終是創作這件事情讓我快樂。讀者或許會疑惑，台北的RAW最後還是得了米其林二星？五年前我的聲明就說過：「懇請台灣（或台北）米其林指南將星等留給RAW以外的餐廳。」至今依舊沒變。因為RAW從一開始，就是為了讓大家意識台灣味，定位本地的食材，不準備摘星競賽。不是說我們很清高、驕傲，更不是不尊重或是抵制米其林星星。我之所以主張RAW不要在評比之列，單純只是認為RAW的體質不合適。但是，我們無法拒絕米其林上門評鑑、公布獎項。

別人以為我們拿獎後，會在廚房開香檳，小小「嗨」一下，但其實沒有。我個人也從來沒有參加過RAW的頒獎典禮，對團隊也沒有任何表示。公布摘星那天，我們所有人一樣上班，一樣工作，一樣回到「當下的本質」，專注做好料理，照顧好客人，做一切原本該要做的事，在虔誠忙碌中結束一天。沒有任何不一樣。

我已經不再讓那榮譽牽絆著我。就好像當我們有了腳踏車，就想要摩托車；有了摩托車就想要汽車；有了汽車，又夢想更大的汽車。但我想告訴大家，最高的榮譽不代表最高的喜悅。最高的喜悅並不在於別人肯定你的瞬間，而是你真正找到做這件事情的快樂。我每天做完一件創作時，內心就有無可言喻的快樂，就像我們創作出自己實驗多次終於成功的新菜色一樣。對團隊來說，過程中的每一個努力，都是一種自我的再確認，確認我們的作品是美好的、對的、快樂的。

名聲與榮譽有一天終將離我而去，本不該牽掛。真正讓我快樂的是，我一開始就擁有的「初心」，而不是學成之後附加而來的獎項，所以我總提醒自己，回到最原初、最本真的狀態——對於料理的熱愛。

快時代，緩慢之必要

Chapter 5

刻意「放慢速度」，是找回專注的方法。
時間為勤勉的人帶來智慧，增進了可貴的觀察力，
人們往往忽略了在學習過程中投入時間的重要性。

向時間要回更值得的東西

食材有質地精粗、軟硬、綿稠或稀疏，其實，時間也有快、慢、濃淡、稠密。

我住宜蘭，很多人會問我，每天在宜蘭和台北之間通勤，來來回回，舟車勞頓，不會很累嗎？其實沒有，物理上這的確是距離的位移，但在心理上我卻沒有被牽動，反而更加聚焦，工作效率更好。早上我從宜蘭的家坐車來台北，進了雪山隧道之後，在那密閉空間裡的四十分鐘，眼睛看著隧道的盡頭，解放了腦袋，我可以很專注整理自己，醞釀工作的情緒，接著把一整天工作內容都仔仔細細想透一遍。時間表面上流逝掉了，但是看待與利用時間的方式一旦不同，時間的質感也就瞬間改變了，像是準備好開始今天的儀式感。

我曾想過，假使我住在比較近的台北，早上起床可能急著出門，因為方便一些，反而缺少某一段留白的時間。少了那段熱機的緩衝期，腦袋還沒整理好，就被逼著很快做決策，結果往往沒有想像中的好，效率也不高。因此，隧道是限制，坐車長途通勤一定會花時間，但是，它改變了時間的質地，讓我向時間要回更值得的東西。

後來我發覺，在雪隧的那四十分鐘裡，有點類似真空狀態。那空白不算是「空白」，你可以因為幽閉而焦躁，任時間如水流過，也可以沉澱自己進入深思考，讓時間改變密度，變成有著稠度的精神養分，等到你走進了辦公室或廚房，便可以很快就定位。有趣的是，下班的路途正好是上班的逆反。當我半夜走出RAW，坐車回宜蘭的路途，一樣在那四十分鐘裡，正好讓我把所有工作逐步放下，好像脫掉身上一件又一件的衣服，卸下重擔，放下工作的一切。當我出了隧道的時候，眼前是萬家燈火的蘭陽平原，天地忽然寬闊起來，我的思緒也放空了，清理乾淨了，彷彿重新留白。

我們無法讓時間變快、變慢、變多，但是可以決定時間的質感。按理，我的生活極其忙碌，但是透過專注，我改變了時間的質感，反而可以從容。因此，我可以一次只做一件事，喝咖啡時專心喝咖啡、寫 email 時專心寫 email、聽巴哈時就好好被巴哈帶著走，只要片刻，心境便完全不同。

時間成就醍醐味

法國料理一直有一種觀點：即使食材一模一樣，配方相同，煮的時間愈長，食物就愈好吃。如果匆促慌忙烹煮，食物一定不會好吃。時間自帶魔法：咖哩放過一天味道更濃郁、牛排煎起來要靜置三或五分鐘、肉品熟成要等待幾個星期、酵母發酵需要時間……。對我來說，那種「緩慢」，暗示我們可以期待更好的結果。

關於時間的體悟，得從我的童年說起。我父親今年七十五歲，他的作息步調緩慢而有節奏。從小到大，他如果想找孩子聊天，就會說：「來，泡茶。」或是：「來，下棋。」「來，寫字。」當他這樣說時，就知道他想聊天，但不是那種嚴肅講大道理的談話，只是日常的閒聊。我跟父親獨處時，通常只做三件事情：寫書法、下棋（圍棋、五子棋、黑白棋等），以及泡茶，但每一項都要花時間。為什麼一定要做這些？其中很大的原因是，我爸如果不做這些事情，就沒有辦法跟孩子講話。不知什麼緣故，我們不是那種可以輕鬆坐下來聊天的父子，坐在一起，彼此都會感到尷尬，從小到大都是如此。我們之間要一起做某件事，做為「中介物」，而且這件事必須花上一段時間，太短也不行。因為小時候我好動坐不住，如果不需花時間，就會很快想溜之大吉。

所以，我們之間要有一件「放慢」時間的東西：下棋、書法、泡茶都是。父親很喜歡泡茶，泡茶要先等水滾，我們就坐著，等水滾、等茶葉舒展、等味道出來。

在這段等待的空白，空氣的密度也會逐漸改變，父親才會開始問我：「最近學校怎麼樣啊？」「打工還好嗎？」透過一段時間的醞釀，我們就能話家常，這也成為我們父子的相處之道。因此，每次與人對談時，潛意識中我總感到我們之間有一盤棋，或是一壺茶、一副宣紙毛筆，沒有辦法加速，只能放慢。它是無形的，但自有其節奏。

學會刻意的緩慢

這種節奏給我一種深刻而長遠的影響，讓我慢下來，學會「刻意的緩慢」。比起哥哥、姊姊，老么的我，對爸爸「來泡茶」、想要聊天的要求，沒什麼抗拒。我也是家裡唯一會想跟媽媽一起待在廚房做菜的人。如今回想，媽媽給我味道的啟蒙，父親給我時間節奏的啟蒙。爸爸步調緩慢，媽媽開過餐館，時間拿捏要求極為精準，潛移默化後，兩個特質我身上都有。

在這個時代，所有的東西都爭快，讓我們也跟著快，好像整個時空都在旋轉，失去了放慢速度的能力。當我發現自己像溫水煮青蛙一樣，不自覺的跟著外界快起來，就會提醒自己緩慢的必要，這時，我也會想起父親，回憶著時間質感變動的奧妙。刻意「放慢速度」，是因為這是找回專注的方法。車子有油門，也有煞車，目的就是讓我們可以慢一點，停下來。閱讀一本書時，我也寧願看紙本，因為書籍的排版方式、翻頁動作，都會讓我們不自覺的慢下來，對於裡面描述的內容，印象會更加深刻。

美好的事物有時非常短暫，我會希望時間可以放慢，終至凝固，變成冰晶雪花般的自足完美，讓人記得住。如同我曾經寫下的：「料理最美的過程就在於時間，時間為勤勉的人帶來智慧，增進了可貴的觀察力，人們往往忽略了在學習過程中投入時間的重要性。」

流雲——溫度的手

輯二

每個人都能決定自己攝取的養分，
每一分鐘、每個地方都能學習。
許多看來無用的事物常能帶來最多靈感。
把生活中每個小細節都變成工作的養分，
不一定要出國、大師指點，才能悟道。

「剛好」的技術與藝術

Chapter 6

廚師具備了藝術家天馬行空的想像，身懷職人高超的手藝工法，
創作的菜必須色香味俱全，讓食材各自展現出最美好的樣態，
達到高度的協調與美感的平衡。

任何人只要走進ＲＡＷ，一定會看見一件充滿流動感的雲。做為一間強調自然主義的餐廳，這一朵量體巨大卻無比輕盈的雲，無疑成為整個餐廳最重要的標誌，占據主視覺，而其他一切都環繞它而生。為什麼它居於如此關鍵性的位置？

它的現身，第一眼教人聯想到是自然（nature）——一塊像似渾然天成的木造有機體。可是當你走近觀察，用手撫摸，你會發現它的表面鑿著一道又一道的刀紋，如沙灘上溫柔的碎浪，如沙漠風吹出的扇形丘，如湖岸輕拍的漣漪，一層層、一片片，那深情的刀工是創作者手藝（craft）的綿密展現。在ＲＡＷ籌備時期，我們邀請到藝術家，只用一把刀子，投入了整整十九個月，一個人一支刀，慢慢將這總重三十噸的南方松雕琢成形。沉重的木質因為流動般的線條，瞬間魔幻的變得輕盈起來，為ＲＡＷ帶來了一種手感與溫度，塑造出令人驚豔、摩登、北歐式的空間美學，但最重要的是，它代表自然與手藝完美的平衡。

先有「料」，才能「理」

但是這樣的平衡並不是左右對位、並立而生的平衡，而是自然在上位、手藝居下位的垂直平衡。如同「料理」這個名詞，料在前，理在後；「料」是自然，「理」是手藝，要先有「料」才能「理」，兩者是上下依存的關係。如同這朵流雲所象徵的，你必須先尊重自然，然後導入最好的手藝或工法，服務於自然。換言之，工藝手法是臣服於自然之下，遵循自然而產生。

十六世紀初，義大利佛羅倫斯教堂有一塊叫「大衛」的大理石，雕刻失敗，長年遭棄置，躺在工地嚴重阻礙通路。年輕的米開朗基羅花了三年的時間，不眠不休的將它雕刻成永垂不朽的「大衛像」。在他的眼中，任何一塊石頭都有靈魂，他可以從石頭最原始粗糙的樣子，看出其中蘊藏的美。他說：「雕刻家的工作僅僅是去掉石頭多餘的部分，把真正的形象引出來。不是我把他雕刻出來，而是大衛自己從物質的枷鎖中解放出來，成為他自己。」如今，我們站在大衛像前，無不被他的專注遙望眼神、從容自若姿態和準備迎戰哥利亞巨人的冷靜震撼著。米開朗基羅在重重限制下，復活了一個有血肉之軀的大衛，成就不朽之美的傳奇。

這是一則帶有象徵意義的故事，這種自然和手藝的上下平衡一直貫穿在ＲＡＷ的核心精神裡。我們餐廳所運用的食材，至少有九八％的原料都是台灣在地的食材，我們盡可能的極大化台灣元素，努力讓食材經由手藝與工法，適切的展現最好、最美的樣態，我們期待ＲＡＷ呈現出來的料理，大家首先看到的是食材的美，當吃了第一口之後，即發現美味裡蘊藏精湛的工藝與手法。

所以我們的菜單，沒有品名，只列出食材種類。這不僅涉及餐飲心理學的設計，更是對自然的禮遇與尊重，讓客人專注於食材所提供的訊息，以及食材與食材之間的關係，而不是強調技巧的新穎、調味的精妙，或是廚藝的渲染。送上來的雖然是大家常吃的番薯，但一入口卻別有洞天，既尊重這個食材，又能夠讓廚藝充分的展現。當料與理的上下關係顛倒時，就失去平衡，一切都不對勁了。

料理、陶藝與雕刻是同一件事

強調材料的特性，與我喜歡從零開始創作有關。其實我小時的志願是當個陶藝家或木雕師，第一志願反而不是廚師。對我來說，料理、陶藝與雕刻這三件事情非常類似，必須先去了解原料（木頭、陶土或食材）本來的樣子，順著它的特性與形貌去雕刻、拉胚或烹調，找到其中共通「美的根本原則」，順勢將它們最美的樣子表現出來。之前新加坡Restaurant ANDRÉ餐廳，其中有九成以上的盤子都是我的作品。我曾用陶土捏塑一比一的復刻朝鮮薊、蘆筍等食材，做為每一個餐桌上的裝飾，精細刻描出它們身上細微的紋理、瓣膜、梗概、節點，讓客人能一邊用餐，一邊欣賞大自然造物之美。

我也曾經發給餐廳廚師每個人一塊陶土，要他們分別捏出自己最熟悉的食材，有人做出一條魚，有人揉出一根蘿蔔，有人做出了洋蔥、馬鈴薯……。當他們捏的時候，手指似乎有些遲疑，這時他們才發現，原來自己並不了解每天最熟悉的食材。到底魚的腮有幾層？洋蔥又疊合了幾瓣？蘿蔔葉長什麼樣子，有幾條根鬚？他們居然毫無頭緒，想不起來。要他們親手體驗捏陶的目的，是希望他們藉以檢驗自己平時的觀察力有多深？手工的表現力到不到位？啟發他們思考，馬鈴薯其實不是只有這三、五種做法，洋蔥還可以怎麼下刀，魚鱗應該怎麼去除而不傷魚身。即使每天最常見的食材，我們也不見得對它們真的細心去了解，就像身邊每天的人事物，愈習以為常，就愈忽略其細節。

其實，每一項創作前九〇%的思考大抵都是相同的，最後的一〇%才決定它是一幅畫、一件雕塑，或是一道料理。創作者面對題材的審美邏輯都是一致的，差別只在於手中的材料。對於廚藝的追尋者而言，只有當他們真正去碰觸、分析、重塑食材之際，才知道自己缺了多少細節，也更能找到未來的可能性。因為你愈了解食材，就能夠有更多的想像。

有藝術家的想像力，也有職人的精湛工藝

但是，不要有所誤解，我之所以強調尊重材料，並不是對於工藝手法的偏廢，甚至為追求最好的上下平衡，技藝不是弱化，反而是強化，要求更高階的鍛鍊。身為一個廚師，如果一天到晚都在講食材有多好、多新鮮，那他不是廚師，只是個農夫；反之，若是不斷展現自己的技法，不在乎材料，那他只是匠人或藝術家。

好的廚師，不是農夫，也不是匠人或藝術家，而是我在八角元素中曾經提到的 artisan。英文的 artist 跟 artisan 有很大的不同，artisan 並不好翻譯，特別在這樣的脈絡下。我們稱 artist 為「藝術家」，可以天馬行空創作一件作品、一個雕塑等。除了審美的滿足之外，純然無任何實用目的，也不需要有任何的框架或理由，如同德國哲學家康德所說的：「美，是無關心的滿足。」。因為無所關心，所以藝術品可以完全架空，獨立於現實利害而自存。

廚師當然不是 artist，我們和康德想的不同，廚師的作品必須要能吃，而且還要美味；不僅有所關心，也必須達到身心與情感的滿足。而 artisan 也不適合直譯為日本的「職人」，兩者接近，但不太一樣。職人用心製器作物，以純熟的技藝，精益求精，完美打造出符合某項目的或功能的物件。所謂的「職人魂」是，傾其全部心神於創作，即使是任何輕微誤差或瑕疵也不容許的精神。

可是我心目中，artisan 雖然介於藝術家與工匠職人之間，但更接近藝術審美，畢竟 artisan 裡有 art。譬如，廚師比較近似製造法拉利跑車的人，法拉利不僅引擎要美，設計也涉及空氣力學，還要跑得快，所以整個作品必須是力與美的結合，並且達到極致的狀態。

因此，我認為廚師是一種 artisan，具備了藝術家天馬行空的想像，也身懷職人高超完美的手藝工法，創作的料理必須要色香味俱全，讓食材各自展現出最好、最美的樣態，達到高度的協調與美感的平衡——有靈魂的作品。就如同 RAW 的「流雲」，代表自然與手藝完美的呈現。

把一件事做到獨一無二

Chapter 7

堅持本身帶來一種信念的強度，不需什麼都會，
但一定要有一樣東西比別人強。而要成為能夠贏過別人的專家，
一定就要花時間，有方向，並好好的認真耕耘。

要將一種技藝磨練成為一個無可取代的專家，不外乎三個「T」：take time、take risks、take it seriously，也就是「花時間」、「敢冒險」，以及「認真看待那件事」。

世界愈快，愈要專心做好一件事

我指的「花時間」，不只是花時間做一件事，而是花時間專心做好一件事。例如，花時間看一本書、花時間喝一杯咖啡，而不是一邊喝咖啡，又一邊看書，同時間做這個，又做那個。為什麼花時間很重要？因為目前社會的節奏太快了，事情不斷透過網路和手機傳送到我們面前，我們所獲得的各種資訊，都是最即時的，但也迅速的流逝，馬上被湧來的其他資訊掩蓋、遺忘。外界不斷的干擾，吸引我們的注意力，讓我們處於無限散焦的循環裡，這也造成現代人愈來愈沒耐心，急著追逐最新的資訊，深怕錯過或落後。這種焦慮感，也讓多數人愈來愈沒辦法在一件事情上好好花心思。

對我來說，這種以為知道了就足夠，不想多花時間好好深入理解一件事情的習慣，是現在很多年輕人的致命傷。他們也許會質疑：「現在科技這麼發達，為什麼要浪費時間土法煉鋼，慢慢摸索，了解簡單搜尋就可以知道答案的事？」要把一件事情理解透澈、一項功夫練到精熟，不論是了解一道料理的做法，或一個歷史故事的脈絡，都要花時間，一邊蒐集資料、一邊閱讀、一邊練習，一邊把知識變成屬於自己的理解，才能真正進入腦袋，內化成自己的血肉，甚至能向別人解說，或重新闡述出來。這並非只靠懶人包或提要大綱，花個五分鐘、十分鐘讀完，就能夠速成。

這種持續的力量讓我想起，華裔建築大師貝聿銘的故事。他蘇州老家的獅子林裡有很多造型奇特的太湖石，祖父告訴他，這些如藝術精品的石頭是「養」出來的：養石者先挑選多孔透氣的火山岩，略微雕鑿，再靜置於溪湖流水裡，經由長達幾個世代的侵蝕、激盪，使粗獷的稜角變得圓潤，雅致有形。

不用準備好才出發，邊走邊修正就會到達目的

對於冒險，很多人都問我，當初怎麼敢十二、十三歲就一個人飛去法國當學徒？要存多少錢才夠？不會說法語怎麼辦？一個人要怎麼在人生地不熟的地方生活？事實上，我從來沒有問過自己這些問題。我還記得當時我身上只帶了十五萬元，甚至不知道自己要住哪裡，就飛去法國。現在回想，我已經忘記自己是怎麼熬過來的，只記得，我滿腦子只有一個很簡單又堅定的想法，那就是「我要學好法國料理，就一定要到法國！要跟最好的廚師團隊一起工作！」

也有人問，我在法國當學徒時，每天工時那麼長，一天只能睡三、四個小時，工作壓力又這麼大，到底如何生存下來？我的想法也很簡單，既然團隊這麼多人都可以活下來，那我也可以！這些都是我對人生的某種「冒險」。很多時候，我們做決定時，並沒有百分之百的把握，或是完全的準備，只是在某個信念下，就算還有未知和風險，就直接衝了！如果每個決定，都一定要等到完全準備好，萬無一失時才開始行動，很可能錯過了最佳時機，或是晚別人很多步，甚至因為擔憂準備不足，永遠只是空想，不敢行動。

面對人生重大選擇時，我思考的只有這件事情是不是對的？是不是此時我應該做的？一旦確認，就會立定目標，迅速去執行。過程中當然會有變數和未知，但只要不斷修正與調整，就算路線和最初預期不同，也能在一路前進中，一步一步走向你的目標。

市場變化快，潛心耕耘的人更具價值

「認真看待」則是好好花時間去執行自己的選擇，把那件事放在心裡重要的位置認真對待。我看見許多年輕人，不太想在同一個地方待很久，或是沒有花時間認真思考自己這輩子到底想做好哪一件事。總是追逐外在的眼光或流行的形象。可能今天想在一家最有名的餐廳工作，享受「我是名店員工」的光環，下個月又想自己開一間咖啡店，兼賣貝果和果醬就好，享受當個文青老闆的愜意。

每個夢想的選擇都沒有對錯，但如果你的夢想一天到晚都在變，可能就是很大的問題，表示你根本不確定自己想要做什麼。所以做任何決定，都必須「認真看待」，謹慎以對，一旦決定了，就把它當成慎重的事情貫徹。人生不像自動販賣機，投下硬幣就會立刻滾出可樂。努力不一定保證成功，但是認真堅持下去，卻能帶來意想不到的收穫。因為，你的付出就是你的所得，而且沒有人可以奪走。

熱情、耐心、續航力三者缺一不可

除了三個「T」以外，三個「P」也很重要，兩者互相呼應。我在許多成功人士身上看到下面幾項共通的特質：第一是熱情（passion），第二是耐心（patience），第三是續航力（persistence），也就是對一件事情長久而專注投入熱情與耐心的能力，是三者之中最難達到的。而且三個P，缺一不可。

一個人不論做什麼，對於自己心愛的工作或是志業，需要三個P才能堅持下去。

例如，一位傑出廚師的養成，底子非常重要，有很多東西需要磨練，不只是技術，更包括美學、味感、sense等，這些特質完全沒辦法速成，需要時間培養。

我常說，光有熱情是不夠的，在我的餐廳裡，很多新人都有很大的熱情，然而一旦連續三個月、半年都在做同樣的事，包括削馬鈴薯、洗菜、挑豆芽等等，說實話，熱情很容易在兩、三個月就燒光。而當熱情燒完了之後，還剩下什麼？如同海潮退去，露出來的是軟爛的泥沙，還是堅實的岩盤？退燒之後，考驗的即是你的耐力。

蹲得夠低，才能學得深

當初我去法國的原因，就是一心想學習正統的法式料理，一切從零開始。我刻意放下台灣五星級飯店最年輕法式餐廳主廚的光環，拋開任何既定想法，包括「我想要做什麼以及做到什麼」，甘心委身在米其林三星餐廳當一名基層學徒，蹲低，再蹲低，將自己單純化為一張白紙，如山的困難也好，磨人的挑戰也罷，全部概括承受，每天瘋狂學習，甚至忘了辛苦。

即使我被放在一個不起眼的位置，也沒有任何抱怨，每天削馬鈴著、擦餐具、洗杯子，整整大概四個月，根本連碰到食物的資格都沒有。或許剛開始內心有點懷疑：「我是堂堂主廚，為什麼在擦餐具、盤子？」「如果都碰不到食材，我能學到東西嗎？」但是，蹲久了，邊削邊看，我體悟到自己正用另外的感官學習，我在學習怎麼看整個團隊的運作秩序和邏輯，包括每個人的角色在哪裡？功能是什麼？為什麼二廚站左邊，大廚站右邊？直到我看懂每個人的動作，知道他下一個動作就要轉身拿湯匙、鹽、胡椒、拌醬汁、擺盤。當有一天我終於能站在他們中間工作時，也就知道如何按全局找到自己最適切的位置，不會妨礙每個人的動線，更不會急切的想：「為什麼我不能現在替代他的位置？」「為什麼輪不到我？」守著耐心，潛沉蹲低，其實是一個最好的觀察與模擬，對我反而是很好的組織訓練機會。如果我一下子就跳進團隊，反而觀察不到整個工作流程或餐廳全貌。因為蹲得夠低，才能看得清、想得遠、學得深，對自己日後的發展有很大的幫助。

耐心也幫助我學好法文。剛到法國的前一、兩年，我其實一句法文也不會，剛開始，我努力將所有法文聽進耳朵，但完全聽不懂，於是我試著用拼音寫在我的小本子裡，下班後、睡覺前，再跟室友請教：「這句話是什麼意思？」他們一句一句教我後，我再翻字典硬背，雖然是笨方法，但很扎實。最後在老闆的鼓勵下，一年半到兩年的時間，我就可以用法語演講。

什麼是功夫？就是用時間累積技能。那時我睡得很少，每天都工作到深夜，凌晨又得起床，下班後的時間都在學語言、找資料、研究食材，但從不覺得自己足夠了。我在乎每一個小細節，不希望放棄任何問題，或是每一個可以找到答案的機會，這些都是耐心。

或許因為現在什麼東西都是速成、即食，「耐心」逐漸變成珍稀的品格。以前，我們會很專心在一個地方工作，因為老師傅的功夫別人沒有，只能跟他們學，想要學好，就要耐心待在他們的身邊。但是，現在所有東西都能上網查詢，甚至有厲害的廚師在網路上教你。所以，愈來愈多的年輕人會覺得：「我為什麼要浪費人生在這裡，或是在哪個人身上？」

這是科技帶給現代人最大的衝擊。資訊的速度很快，年輕一代變得浮躁、求快。可是，輕易快速就能學到的技術，卻也是最容易被科技取代，因為透過網路所學的步驟、流程、配方，機器人也可以照做，甚至做得比你更精確。科技讓汰換的速度加快，但未來不是「以量取勝」、「快速複製」，而是強調「專家」的時代。

恆毅力成就專家

有熱情、有耐心，也還不夠，要成為一個專家，還必須具備「續航力」，或是現在常被提及的「恆毅力」（grit）。我常收到許多年輕人的履歷表，他們的履歷和我的履歷很不同。我的履歷只有一張 A4 紙，而且一面就結束了。我的前三個工作，第一個工作是九年，第二個工作是七年，第三個工作是十年，這三個工作在履歷表上不過三行字而已。而現在一個二十五歲年輕人，可以寄來三頁履歷表，洋洋灑灑，但每個工作都只有三個月、六個月，我覺得很危險。

我之所以重視這三個「P」，是因為在這個動不動就嗆聲、打臉的時代，沉澱或專注變得非常難得。我在新加坡開了 Restaurant ANDRÉ 之後，收到從世界各地寄來的履歷表。當我還未見到本人，無法驗證這些人的表現時，我第一個關注的就是他們的工作經歷是否具有「一致性」。他可以在麥當勞工作，也可以在某米其林餐廳工作，都沒有問題，但我並不覺得在速食店工作，就不適合到 Restaurant ANDRÉ 工作。

我所在意的是，一個人在一個地方工作的時間長度，如果他在同一個地方工作五年、七年，甚至十年，表示他一定有一樣東西很強，足以彰顯他獨一無二的價值，才能在一家公司這麼久而不被淘汰。

堅持本身帶來一種信念的強度，這樣的人就是我找尋的人。因為現在世界需要的不是什麼都會一點的全才，而是可以把一件事做到完美的專家。我不需要員工什麼都會，但一定要有一樣東西比別人強，而要成為能夠贏過別人的專家，那一定就要花時間，有方向，並好好的認真耕耘。

第一天就用最高標準做事

Chapter 8

把最高標準當作基本門檻的從容態度與自律，就是一種「純粹」。
新鮮人沒有經驗，就像一張白紙，
可以賦予他們最正確也最好的觀念和做法。
無形中一開始標準就拉高了，類似一種銘印。

很多人都以為，以RAW的知名度和要求嚴謹，想要進入RAW工作，一定要是經驗豐富或海外歸國，不然至少也要是相關餐飲科系畢業。但其實RAW許多員工，來的時候都是一張白紙，許多人，甚至完全沒有fine dining餐飲經驗。我挑選員工有一個原則，那就是只用「沒經驗的新鮮人」，尤其不要有餐飲背景最好。很多人聽到都會疑惑，大膽啟用完全沒有相關經驗的新手，怎麼確保這些人可以達到我想要的高標準？沒經驗的人可能犯各種錯，不是更容易搞砸嗎？

把最高標準當基本，就不覺得辛苦

每次我都會反問對方：「你有沒有發現，當一個人完全沒有經驗的時候，其實是沒有標準的？這時，他接觸到的第一件事物、第一位老師、第一個職場，就會成為他對於工作的標準。」當一位完全沒有餐飲背景的新手進入Restaurant ANDRÉ

或是RAW之後，他第一次接觸到的餐飲規則與作業方法，就是我的做法，無形中，也就成為他們對餐飲的基本標準。很多人會以為，要在米其林主廚之下工作，壓力一定很大，但團隊對於我的要求，表現出來的態度常常都是「這沒有很辛苦啊？」「這不是理所當然的嗎？」

這種「大家都把最高標準當作基本門檻」的從容態度與自律，就是一種「純粹」。正因為新鮮人沒有經驗，就像一張白紙，你可以賦予他們最正確也最好的觀念和做法。無形中一開始標準就拉高了，類似一種銘印（imprinting）效應，建立一種不可逆的牢固認知與行為模式，看來就好像先天習得的一樣。有時我帶團隊出國，與世界其他一流飯店合作，夥伴們會偷偷告訴我，在我們餐廳好像比在國外還要嚴格，因為我們自己的標準更高，大家都很習慣。而有餐飲經驗的老鳥，因為被過去的習慣束縛，積習已重，反而難以適應最高標準的要求。

承認不足，就會不放過任何細節

其實不只 Restaurant ANDRÉ，我管理的每間餐廳，包括 RAW，掌舵的主廚都是由我們的餐廳培育出來的。一個菜鳥廚師從零開始在團隊學習，理解且相信餐廳的理念，這對我來說很重要。假設今天主廚是個像傘兵空降而來的外來者，他可能不會理解八角哲學的真正含意，更沒有辦法發揮出自己最好的創作，最多只能複製。

RAW的主廚王奕翔（Chef Ben），還不到三十歲，但從餐廳開幕時就加入團隊，完全是由RAW培育出來的。過去近十年，我在國外和其他主廚聯名合作展演時，都是由他主責。RAW曾經在晶華酒店舉辦大型活動，也是由他帶領超過一百名內外場服務人員，準備兩百人份的套餐，表現可圈可點。

我寧願從頭開始訓練料理人，見證一純如白紙的新人，成為獨當一面的主廚，這是很有成就感的事。

即戰力的迷思

很多老闆在徵人時，都會希望找有經驗的人，可以馬上成為「即戰力」。我也曾有過這種迷思，花了很多年，才理解「沒經驗比有經驗更好」。因為就算是米其林餐廳，廚房內還是有很多基本功的事，而基本功能不能確實做到，就是一家餐廳品質好壞的差異關鍵。以馬鈴薯泥這道西餐中非常常見的配角為例，兩位新人，一位已經會做，一位還不會，你認為進入Restaurant ANDRÉ的廚房一個月後，誰會做得更好？答案是，那位還不會的新人。

我發現不會做的人，在學習過程中，會做非常多的筆記，包括我用了什麼工具、我削皮時轉了幾下、我打泥時攪了幾分鐘，就算是外人眼中微不足道的小事，他都會一一記錄下來。正因為他完全不懂，深怕會疏漏任何一個步驟，於是更專注於每一個細節。而這些細節的精確追求，就讓他做出最細膩、最美味的馬鈴薯泥。然而，已經會做的人，在我示範過程中，往往只會注意「調味配方是什麼」「要加多少分量」，認為自己已經會了，只要確認好「味道」相關的部分即可。

但一道料理要達到完美，並不是只有配方就好，而是過程中每個細節都做到位，除了食材的挑選，料理過程中的動作大小、力道輕重、速度快慢，都必須確實而精準，料理才會與眾不同。

熟能生懶，出錯的往往是老手

當我一次又一次看見這件事，我開始相信，絕對不要小看什麼都不會的新鮮人，有時，他們反而是更好的學習者。

當然，啟用新人一開始固然會需要花更多時間教導他們每個步驟，但他們一旦學會我的做法，之後就可以放心交給他們執行。如果一開始我只貪快，選用已經會的熟手，前期或許不用花那麼多時間，看似比較輕鬆，之後卻常會因為不斷出現各種小狀況，要花更多時間去補救，有時甚至補救了，也還是無法達到要求。

生活中常常看到，明明有詳細的工作規範、流程ＳＯＰ，為什麼「老鳥」還是會出錯？多半是為了省事，跳過一些原本該有的步驟，當細節不完整，結果也就變了樣。事情之所以沒辦法做到最好，往往來自一個人自以為「我已經會了」的傲慢之心，然而這種錯誤，我從來不曾在一個自認「我還不會」的人身上看見。

「真正學會」做一件事

或許根本的原因並不在於菜鳥或老手這表面的分野，或是有沒有餐飲工作經驗，關鍵在於心態。到底什麼才叫做「真正學會」？

之前我曾經和歌唱團體「動力火車」有一次合作機會。他們屹立歌壇二十多年，唱出很多經典歌曲，在拍攝空檔，尤秋興談到他對「真正學會」的看法。他說，他在練唱或排練時，若是卡關或是某個樂句彈不好，他絕不會只再彈兩、三次就放過。因為吉他的指法並非一揮而就，他要求自己，若有出錯，必須從頭到尾連續彈二十七次都沒有錯，才允許自己過關。中間如果又出錯，就歸零重新計算。

一定要連續二十七次都沒有錯，才是真正學會，過了自己心裡那一關。至於，為什麼非得要二十七次，而不是十次或二十次，這是他多年練習下給自己設定的最低標準。

原本的閒聊令我印象深刻。我們常常不理解某件事情水有多深，往往覺得自己可以勝任某個任務，最後操之過急，失敗收場。但是，尤秋興並不會以為自己連續彈兩次都沒出錯，就可以過關。即使他唱了一輩子歌，仍用最嚴格的標準要求自己。他願意蹲馬步，以二十七次的磨練，耐心孵育自己的完美，希望對得起他的歌迷，更重要的是，對得起自己。尤秋興堅持連續二十七次的完美，示範了什麼叫做「真正學會」。

超乎預期的款待才是真奢華

Chapter 9

料理的真正價值在於，它是開啟人們感知的一把鑰匙，
設身處地為客人創造奢華感與價值感。不管客人有沒有覺察，
我知道「do things with intention」將使我們的工作產生截然不同的意義。

「好料理」就是讓食材展現出它最好、最美的樣態。完美的料理，是一碟可以吃的藝術品，但是什麼叫做「好吃」或是「美味」呢？我覺得，關於美味似乎可以總合成怡人、驚喜、溫柔、感動、撫慰、回憶……，透過料理和體驗的過程，可以達到創作根源的「共感」。

透過手藝與創意，展現食材的最大價值

首先，它必須是真實不虛的，如同日文說的「本物」（ほんもの），它是可觸、可感、可食、可品味的。其次，它必須是良善的，餵養人飢餓肚腹，對人有益，給予人力量、元氣。最後，它必須是美的，不管是家常的媽媽味，或是精緻飲食，都給人一種美好而幸福的投射。

由真，到善，再到美，是一連串價值提升的過程，由可衡量的具體物，走向不可計算的價值，而後者是經由創作者所賦予、創生的。我一直抱持一個信念，那就是「價值」與「價格」並非等號，料理的價值不應該等於食材的價格。並不是昂貴的食材就一定比較好，更不是一間餐廳如果想要為自己的料理訂比較高一點的價格，就一定得用上昂貴奢華的食材才行。我在看每一樣食材時，它們並無貴賤之分，不是青花菜價格便宜就上不了菜單、牛排比較高價就得拿來當主菜，不是說松露是舉世聞名的夢幻逸品，高級餐廳那就非用不可，而且如果是米其林等級，更是最好奢侈的用，才能彰顯餐廳的身價、料理的價值。我覺得這種完全抹滅廚師對一道料理的付出與心力，只把料理與食材畫上等號的想法，是錯誤的迷思。食材本身的價格並不能決定它的價值，最重要的是，身為一位廚師能不能把它料理得好吃。

對我來說，在料理之前，每一種食材不管價格高低，價值都是一樣的，只有當食材變成一道料理之後，因手藝的高低，才會產生價值的差別。就像牛排比較貴，青花菜比較便宜，難道價格決定了它們的價值嗎？沒有，一道用心調味、仔細料理的青花菜，和一道烤到過熟，甚至焦掉了的菲力牛排，我想，那道精心調理的青花菜，價值絕對遠勝做壞了的牛排。所以，不是用青花菜就只能低價賣，放了松露，就一定比較高級。關鍵在於，廚師能否透過自己的手藝與創意，最佳化每一樣食材，超越食材本身的侷限，創造出更勝一籌的滋味，這才是廚師與料理真正的價值所在。千萬不要迷信別人說的「某某食材比較高級」。

舉個簡單例子，如果今天一顆蘋果、一朵青花菜和一顆松露擺在你眼前，要你全部直接拿起來啃，松露絕對是最難吃的，又乾、又柴、又沒什麼滋味，氣味甚至可能有點嗆鼻。但如果你知道怎麼料理松露，透過最好的搭配和做法，把松露削成薄片，讓香氣散發，再搭配口感濃郁的食物，讓松露在料理中徹底釋放香氣，產生畫龍點睛的功效，這樣妥善烹調後的松露，產出的價值將會是最高的。

好比，之前我身在什麼都沒有的塞席爾群島，只剩下自己的感覺，才能找到自己的價值。如果我在巴黎，可以拿昂貴的食材告訴客人，這個東西價值五千元，但是自己的價值卻是零。然而，來到這個島上，當你的手上只有馬鈴薯這類平易近人的食材，你要如何讓客人吃起來有五千元的價值？這時不再能用標籤說服客人，只能靠手藝展演出食材更高的價值。如果能把十元的馬鈴薯變成一百元的價值，那就是身為廚師的價值。其實，也正是這樣的信念帶我走回台灣。食材沒有貴賤，不同地區的料理也沒有高低之分，並不是法國料理就一定比較尊貴，台灣料理就只能是庶民小吃，而是廚師如何創作出超凡的料理，成品又是否真的美味。只要好吃，任何食材、任何地方的料理，都能展現最高的價值。

奢華不是高價，是有溫度的服務

人類是一種獨特的動物，能夠將情感轉換為創作，讓作品獨一無二，煥發光采。奢華並不是來自於食材，而是你的手藝、你的愛，以及你的感情。對我來說，料理的真正價值在於，它是開啟人們感知的一把鑰匙，我不希望人們只把注意力放在食材與技法層面，期待客人專注在更無形的個人情感經驗。我認為有三項專屬於人類的能力，足以打造個人情感體驗，那就是「創造力」（creativity）、「奢華感」（luxury）與「價值」（value）。

這三者是科技無法取代，即便人工智慧愈來愈聰明，也無法模擬。因為這三者都是屬於人類感性的範圍，沒有一定的標準答案，超乎目前人工智慧能夠解決的範圍。目前的人工智慧可以在有限基礎上做變化，但還是無法完全複製人類的創意和創造力，尤其是那些無中生有、天馬行空的想像。而奢華感之所以無法被人工智慧取代，關鍵在於現代人對於奢華的定義，已經從過去的具象轉為抽象。過去大家眼中的奢華，指的是金碧輝煌、bling bling（閃耀俗麗）的感覺，或是珍稀難得的素材，所以黃金、珠寶、皮草都被視為奢華的象徵。但現在的奢華感，已經從具體的材質或物品，轉為無形的服務和設計，由物質面的堆砌，轉化為情感與精神面的溫度，以及帶給人們力量的貼心與關懷。

換句話說，當代的奢華可能只是一把造型簡潔、用料單純的椅子。例如，身為丹麥四大巨匠的傳奇設計師漢斯・韋格納（Hans J. Wegner），是丹麥最知名、最具影響力的設計師之一，「全世界最美麗的椅子」正是出自他之手，他的作品不僅常被冠上「不朽」、「永恆」等美譽，更是世界各地設計博物館爭相收藏的作品。他將傳統木工技藝與設計完美結合，打磨出如同藝術品的椅子，不僅實用，美感更是無懈可擊，摸起來甚至如嬰兒皮膚細膩滑順。這種使用後才會感受到的「量身訂做」、「無微不至」的細膩設計，比起金碧輝煌、雕刻繁複、炫耀於外的奢華，更能打動人心。

親自接訂位電話、寫生日卡

如同我們所定義的 fine dining（精緻飲食）記錄並刻畫每一個時代最好的狀態，但是，這種精緻的感受，並不是屙金溺銀的物質堆砌，奢華感也不是鵝肝上面放滿一湯匙的魚子醬，真正的奢華來自體貼與用心。食材與技法並不具絕對重要地位，重要的是我們在用餐當下感受到的體驗。新加坡的 Restaurant ANDRÉ 雖然已經退役了，但是當時我為它精心打造了各種如今想來值得記錄的細節，展現了這種細膩、奢華、深具創意的服務。

當時 Restaurant ANDRÉ 的每一通訂位電話只能由我或是總經理接通。很多人一定覺得這樣瑣碎、煩雜的工作，交給其他工作人員處理就好，為什麼非要我或總經理親自站在第一線服務客人？到底花時間接訂位電話有多重要？這完全是站在消費者的視角思考，儘管只是訂位的起手式，但是深究來說，我們與客人間餐飲體驗的關係，不是真正踏進餐廳那一刻才開始，而是早在客人打電話訂位時就已經建立了。當客人訂位成功後，就會一直期待，開始為那一天的到來準備，包括要穿什麼衣服、預備什麼心情、各種想像投射等等。對我而言，客人的用餐體驗此時就已經啟動了。好的開始勝過一切，如同一段演講的前五分鐘，或是一首歌的前奏。一個故事的開始，絕對不能失敗，所以必須由最重要的人來做。

我們去造訪一家好的餐廳，總希望每一次的味道都一致，期待主廚能坐鎮在餐廳裡，餐後出來跟大家打招呼。在這間以我名字ANDRÉ命名的餐廳更沒有道理不這樣子服務。只有我和太太在新加坡時，餐廳才開門服務，而只要開門的每一天、每一個餐期，我們都會跟每一位客人寒暄，聊上幾句，因為我真心在乎客人的用餐體驗。在 Restaurant ANDRÉ 時，我會親自站在前台切配菜，連客人點的每一瓶酒都經過我的審核。我挑的酒有清楚的個性，尾韻清淡，並且與料理相得益彰。有時我也會用法文與客人聊一下，傾聽客人的回應。

我堅信完美隱藏在細節裡，每位客人都有不同的目的或在意的環節，不管是過生日、慶祝升遷、與家人老友團聚，或是紀念結婚週年，通常一般餐廳幫客人準備蛋糕外加一張卡片就結束了。但反過來想，如果你是客人，會希望收到怎麼樣的卡片？是一張名貴灑滿香水的卡片嗎？還是心意十足的手寫卡片？我們餐廳打從開幕，只用「空白的」卡片，每位客人的卡片都是我親手寫的祝福，並由每一位員工在上面簽名。有時餐廳工作繁多，大家難免覺得麻煩，當天若有八位客人過生日，就要寫八段話，簽八次名，但我堅持必須花時間做這個工作。因為我認為「do things with intention」很重要，當你做每一件事時，「用心」可以讓每一個小細節意義非凡。

順耳而過的無調性音樂與俳句

至於餐廳裡播放的音樂，我也都仔細挑過。我所選的音樂是一位藝術家在義大利某一座古堡裡彈琴的實況。錄音師刻意在琴房窗戶外收音，而不在密閉錄音室。鋼琴的樂句、清脆的風鈴聲、沙沙作響的樹葉，還有遠遠傳來路邊孩子追逐打鬧的歡聲笑語，真實生活片斷的聲音全都收錄在音樂中。聽起來有時在室內，有時在室外，音符的彈奏沒有順序，也沒有節奏。既不是爵士樂，也不是鋼琴演奏，什麼都不是，但也什麼都可以是，是一種非常獨特的音樂。我們都曾因重複聽到了一首歌或是一個旋律，盤旋在腦袋裡而忘不掉。這個連音樂都說不上的聲音，可以避免這種窘境，當你想要聽的時候，它在那裡，當你不需要聽的時候，它只是背景音樂，可以室內室外流動，沒有壓力，Restaurant ANDRÉ 所有的音樂都是這位藝術家的演奏。

我們的晚餐有八道菜，每道菜都預先準備了與之相應的不同「俳句」或詩句，外場服務人員會很仔細觀察每一桌的客人，了解他們最喜歡哪一道菜，等到客人結帳時，帳單上就會將他最喜歡的料理專屬的俳句印在下面。而這件事我們從來沒告訴過客人，可能一千個客人中，只有一個人發現，但是這就夠了。帳單是客人離開這個餐廳之後唯一帶回去的小東西，料理在體驗的當下就吃下肚，除了記憶沒有留下痕跡。但是這份帳單可以讓客人在一段時間打開時忽然發現這個俳句，細讀後回想起當天用餐的情景，而付錢的經驗（負面），就可能被甜蜜的回憶（正面）取代，覺得自己花這個錢很值得。原本用餐經驗也就不只是當天的兩小時，而是從兩個小時延長到一個禮拜、兩個禮拜，甚至一個月之久，讓他永遠記得這個餐廳和他最喜歡的那道菜。

其實 Restaurant ANDRÉ 每一個小細節都是設計過的，但不需要都告訴客人。他們不需要知道我們特別挑選的沙發、某某藝術家的音樂、帳單底下的俳句或詩句，只需要在最自然的環境下，享受每一個我們為他們準備的細節，在他們坐下來的兩、三個小時覺得很舒服，所有的東西都「到位」了，就是我想要看到的畫面。即使他們毫無所覺，也沒關係，單純開心享用一頓美味料理就好了。

價值是產品與服務超越顧客期待

從接訂位電話開始，到帳單上不經意發現的美麗句子，都是為了打造出極致的用餐體驗，設身處地為客人創造奢華感與價值感。不管客人有沒有覺察，我知道 do things with intention 將使得我們的工作產生截然不同的意義。

很多人以為價格愈高，價值就愈高，這是一個錯誤的迷思。對於價值的計算，我有一個公式：客人體驗總和－（付出＋期待）＝價值。也就是，消費者在所有「體驗」過程中得到的所有享受，減去他所「付出」與「期待」的加總（指金錢與心理的成本），剩下的才叫做「價值」。這樣的公式可以適用於一道料理、一個服務過程，用來檢驗最後客人究竟得到多少價值。這個公式是我長年身處業界歸納出的心得。很多人總會問：「這東西我賣這麼便宜，卻賣不好，可是別人賣這麼貴，為什麼賣這麼好？」這促使我去思考，究竟真正的價值是什麼？怎麼樣創造出更好的價值？東西即使便宜，但是消費者得到的體驗很差，價值感當然很低，自然賣不好。

例如，一間餐廳或許定價很低，客人用餐後要付出的金錢很少，但是客人可能對它的期待很高，因為它是各方推薦的小吃。當客人真的去吃了之後，在過程中，得到了食物、服務等體驗，最後體驗的總滿意度，超過付出金額和原本期待值，也就是「超乎預期」，那對消費者來說，這就是一家有價值的餐廳。所以，並不是消費者付出得少，得到的價值就一定低；同樣的，不是消費者付出得多，就一定會得到很高的價值。唯有店家提供的服務內容，能超越消費者實際付出的金額和期待值，才是真正能讓消費者覺得有價值、值得向人推薦、一再回訪的店。

我相信未來一定有ＡＩ廚師、機器人廚師，但它沒有辦法有創造力，創造出奢華感、提供有溫度的服務與關懷，更遑論增加附加價值。

靈感在生活的岔路上

Chapter 10

靈感是一種長久紀律而產生的吉光片羽。
如果你能抱持好奇，主動踏入那些人跡罕至的路，
一定能發現一些以前不知道的新事物、新知識、新香料，
創造出更寬廣、更意想不到的新連結。

菜色為什麼可以不重複？

我的第一家店——新加坡的 Restaurant ANDRÉ，一直以來都沒有菜單，所以開張後，每一年我們至少創作一百八十六道完全不重複的料理，這全是團隊的心血結晶與努力。

為什麼我們可以一試再試玩出新點子？老實說，祕密就在我們十坪上下的小廚房牆上的小白板。它掛在走道邊的牆上，每天我們都會來來回回經過它上百次。這白板是創意的搖籃，我們每一位廚師平時可以隨機寫三種味道，比如香草籽、龍蝦跟咖啡，西瓜、草莓跟可可豆，或是香蕉、豬肉配上優格……，任何人看到、聽到或是發想的三種獨特味道都可以寫在白板上。當廚師們走過白板，好奇看著：「今天誰又寫了什麼？」無形中讓大家互相激盪，看到某些味道的組合，自由聯想它可以是前菜、是甜點，或是一碗湯。忙碌之中，每天還有一點時間，想像各種味道的排列組合。

因為我們每天工作十四到十六個小時，不太可能再勻出一小時看創意的書，發想新的料理。但是，每天藉由白板上的提案，日積月累訓練出我們的味覺想像力，在還沒有真正試做之前，預判那些味道組合是否可行？是否有亮點？是否吸引人？一旦實作之後，就可以比對、修正、校準，經驗值累積多了，想像與實際就會愈加一致，無形中一起拉高團隊的能力。

從想像到實作，這些新料理也將送上餐桌，驗證它是不是被客人接受。我們每個禮拜有兩天的午餐是我們稱之為「menu in process」的菜色，也就是還在研發、實驗中的菜單。我們所有的新菜色都是從這個白板上的味道組合發想成形，或是依當天食材決定的新料理。這個方式其實很大膽，因為我們空間不夠，沒有實驗室，也沒有時間，所以我們把所有試驗新菜的空間都留給午餐，像創意挑戰賽的概念，讓大家盡情玩創意。

客人如果喜歡實驗性料理，可以來試試我們的午餐；如果要體驗完整的八角哲學，那就來享用晚餐。中午和晚餐的菜色完全不同，午餐新穎刺激，晚餐經典隆重。午餐料理完全展現了Restaurant ANDRÉ另一種風格，但即便很成功，客人讚不絕口，也只會出現一次，不會有第二次。我們即是透過這樣的方式，將創意玩得淋漓盡致。

動機、時代、自然皆是靈感之源

很多人都好奇，我們怎麼能有這麼多源源不絕的靈感，難道不會有腦汁燒乾的時候？所謂的靈感，是在累積了各式各樣，甚至不同領域的經驗和知識後，針對某個主題，把看似無關的各種素材，找出隱藏的關聯性或相似點，一旦串聯起來，就會發現這些原本大家想都沒想到、完全不會放在一起的東西，竟可以成功連結、巧妙搭配，而且言之成理。其中的巧思與妙處，也就成了讓人驚豔的靈感。

我的創作靈感來源都不太一樣，在創作的時候，我也很少真的刻意去「找靈感」，反而我會問自己下面三個問題，第一就是「創作動機」。我的創作動機並不需要到外面刻意找尋，前面有提過，可能因為一則故事、一張照片、一段音樂、天空的顏色，或是遇到某種特別的食材，又或者只是因為它的光澤，就讓我有創作的欲望。第二是「時代背景」。每每我在發想一段料理旅程時，總是圍繞著這些提問：「我們現在處在什麼樣的時代背景？如何重新理解傳統？有哪些元素更為當代？如何在創作中加入當代的味道或是視角？」第三是「順應自然」。所有食材最基本的源頭都來自自然，自然有其規律及限定，不同的食材有不同的個性。如前所述，「料理」首要尊重「料」的自然特性，才有「理」的揮灑空間。

靈感是長久紀律產生的吉光片羽

創作動機、時代背景、順應自然，幾乎總和了我所有創作的根源。這些年就算工作再忙，我始終維持一個習慣：不管在台北、成都、澳門、巴黎、新加坡或任何一個城市，我每個禮拜一定會撥出一段時間和我的主廚去逛市場。

在成都，我和同仁一起逛當地最大的玉林綜合市場。川人嗜辣，各種長的、短的、紅的、綠的辣椒皆有，聽攤販介紹不同辣椒有什麼味道特色、顏色怎麼看、形狀怎麼選，才能找到最好的辣味與香氣。或是繞了一圈，蒐集一籃子各色「香菌」。香菌屬白蘑科，四川香菌是四川特產，喜歡生長在深山中不同的樹種，對光照、溫濕度、經緯度、海拔高度各有不同要求，形態品質也不同，按季節分有春香菌和冬香菌。春香菌柄長肉薄，有香味，色澤淡；冬香菌柄短肉肥，香味濃，色澤深。這些香菌有的細長而金黃，有的渾圓碩大，如馬鈴薯有著黑色的鱗片，或雪白而飽滿。走一趟市場，便可以領略到四川山林裡蘊藏哪些野味。

又或是某天在宜蘭，我陪太太出門買菜，在當地市場小攤上發現了一樣東西，叫「丁仔粿」。它和常見的紅龜粿、草仔粿不太一樣，是用純糯米搓成長條狀後染上紅色製成的，在攤上整齊排成一列，就像一串鞭炮，據說是一種饒富歷史的清明掃墓美食。我以前在別的地方從沒看過，馬上拍下照片，想著或許哪天可以用在一道料理上。

靈感並不是來自虛幻，靈感的出現，與其說是福至心靈的神來一筆，更是一種長久紀律產生的吉光片羽。對生活細節的敏感，藉由逛市場，我了解到不同的生活方式、風土人情與「尚青的食材」，看到某個食材很好，就立刻拍照，記下名字，告訴自己「下次我要做這樣東西」。除了市場，我還會去農家、小賣店，好比在澳門福隆新街這一帶，有壯觀的澳門葡式辣魚罐頭專門店。裡面有各種色彩繽紛的葡式辣魚罐頭，或懸掛在白牆上，或疊放在架上，封存來自葡萄牙的海洋滋味，可說是澳門的國民美食。據說從十八世紀起，葡萄牙人就開發出這類將海鮮封存的技術，將魚類用番茄、辣味、橄欖油漬調味後密封在罐頭內，方便在海上食用，發展至今，成為家家戶戶不可或缺的美食。我在祕魯，曾握過長得像隕石般的塊狀植物，深黑色的表面布滿皺褶，彷彿訴說地球的奧祕。我也曾走在北海道的森林裡，默默觀察不知名的綠色果子，或是在漁家撫摸曬乾的昆布、吃著野生的鹿肉，又或是在古屋裡品嘗大鍋燉煮的雜菜湯傳遞著自然的風味。

陌生的路上，有意想不到的收穫

當然，我所有餐廳的團隊都會如此，有人誤以為「每週逛市場」是我下的工作指令，但其實這並非硬性規定，而是我自己對世界的好奇，也希望團隊能一起共享這種發現新事物的喜悅，建立起屬於自己的靈感資料庫。我始終相信，知識就是力量。有些人會認為，要成為厲害的廚師，最重要的應該是實作技巧。技巧固然重要，但不要忘了拓展我們的視野。當你所知有限，能夠運用的素材只有固定幾樣，就很難突破現狀，因為「你對料理世界所知多少，你料理能力的天花板就在哪裡。」

如何讓自己的天花板變成無垠的穹蒼？如果你能抱持好奇，願意主動踏入那些人跡罕至的路，一定能發現一些以前不知道的新事物、新知識、新香料。從食材的形狀、色澤、香氣、味道，到當地料理的做法、特徵、技巧，都可以是你無時無刻累積的「料理素材資料庫」。一旦有需要，就能從這邊取一點精華，那邊拿一點特色，組合出心目中最獨特的料理。你觸及得愈深、愈廣，也無形中放大了你揮灑的空間，當一個人有愈豐富的知識底蘊，就能創造出更寬廣、更意想不到的新連結，孕育出屬於自己獨一無二的創意。

痴迷——詩意的心

輯三

在法國的那段時光裡，對我最大的訓練即是，
讓我對美的事物有了全新的感知，
產生了一種發自內心的鑑賞之情，
感受到料理是味覺寫就的詩學。
沒有美的底蘊，就容易落入「匠」的層次。

放大美的覺察力與感受力

Chapter 11

對於美無價的感知與修練，開啟完全不同層次的視野。
這些美感給我的經驗強度，大過於現實的辛苦，讓貧困變得可以忍受，
挫折也不曾打擊我，飢餓也讓我精神昂揚。

料理一直都帶有某種濃郁的情感連結，我一直認為，做一道菜給某個人吃，是很赤裸，且充滿深情的。做為一位創作者，只能傾其所有，獻出最好、最赤誠的自我，小心翼翼的端到客人面前，任由他品評。你會仔細觀察對方的表情、反應，想找到一些蛛絲馬跡。客人把食物送入口，頭微微傾斜、咀嚼、品嘗，甚至發出「嗯～～嗯～」那種欲言又止的神色，總是教創作者站在客人面前揉著雙手、擰著衣角，忐忑不安，心懸在空中。

大量沉浸在美的事物中

這種感覺好像你向心愛的人告白，努力寫下幾段誠心誠意的文字，或者只能笨拙的擠出言不及義的蠢話，但卻是你的全部，沒有辦法再拿出更多。把食物吃進身體裡的行為是很親密的，必須建立於愛與信任之上，且施與受都是同樣的深情。

因此我才會說，料理是私密的深情。提到感情，讓我想到兩件事情。

第一件事和我為什麼將餐廳取名為ＲＡＷ有關。ＲＡＷ不只有字義上「生的」意思，還有赤裸、直率、未經雕琢的意義。當我繞了世界一大圈之後，回到台灣，我要帶給台灣什麼？就是這個真誠、直率、未經雕琢的情感。我將ＲＡＷ當作一封情書，獻給台灣。

其次，為什麼大家會覺得我的作品或創作過程深富情感？這與我在法國學習與成長十幾年有關，那時我每天看到與接觸到的事物都是美的，讓我沉浸在美的情感狀態裡，直到今天，我依然從中得到深厚的滋養。

因此，我不會把蔥只當作蔥，會看到青蔥玉石般的白色到漸層的綠色，從淺綠、青玉色到深綠色。它的香氣與撕下來半透明的薄膜所折射出珍珠貝母的光澤，帶給我不同的想像。番茄也不是整顆都是紅色，它有親脂性亮紅色的類胡蘿蔔素色彩，也有少許血紅，還有類似胡蘿蔔的橘紅。或是朝鮮薊像鱗片凸起的紋理，綠中帶紫的硬皮，刀子切起來還會發出輕脆聲音。

料理是一種味覺寫就的詩學

在法國的那段時光裡，對我最大的訓練即是，讓我對美的事物有了全新的感知，產生了一種發自內心的鑑賞之情，讓我感受到料理是一種味覺寫就的詩學，而字與字、句子與句子、意象與意象，都是由味道織就而成，透過味道在盤中創造出美的體驗。南法給我一種詩意，並且像空氣般滲透到我整個人。這種詩性是由內而外，自然生長出來，無法複製。旅居法國的那些年，我每天都經驗著美的人事物。記得在法國里昂，休假時，我會坐在公園的湖邊，用法文寫詩，空白處畫上一些圖案或心情，現在回想還是覺得不可思議。或許是太美了，讓我想歌詠什麼，表達什麼，抒發什麼。

我曾為一位老農照顧農場，每天清晨起來為圓滾滾的南瓜翻身，下午再翻一次，依照陽光的角度，定時為南瓜翻面，像照顧老人一樣細心呵護，讓它們全身享有充足的日曬，好讓甜度及色澤均勻分布。這整個過程是美的。在那樣的環境、氛圍裡，當你深刻體驗、澆灌感情，很自然會知道南瓜不只是一顆南瓜、一個食材，而是有溫度的存在。所謂「工作美學」就是，當你投入心血，do things with intention，就會讓這件事變美。身為一個料理人，本身要具備美感與情感，自己若沒有美的經驗，又怎麼傳達出美的畫面。沒有美的底蘊，就容易落入「匠」的層次。在南法的那些年，給我對於美無價的感知與修練，開啟完全不同層次的視野。而這些美感給我的經驗強度，早已大過現實的辛苦，讓貧困變得可以忍受，挫折也不曾打擊我，飢餓也讓我精神昂揚，甚至因為美，讓我感受到無可比擬的幸福。

味道如同音符，有著感情投射

我一直期待我們的團隊，也有這一類美的感動。我經常帶各式書籍與團隊分享，放在餐廳裡任由他們翻閱，同時每週三固定舉行讀書會，希望他們除了增長知識或技能之外，也學習懂得欣賞書籍內的顏色組合、排版，甚至照片和紙張，無形中累積美感。看書和料理一樣，並不具有標準答案，或立竿見影的功利指向，而是藉著欣賞各式美的事物，涵養氣質、提升眼界，把料理視為一種美的創作。

二〇二一年十月底，RAW舉辦了一項盛大的活動，在新一季World tour III即將來臨的前一週，我特別邀請到青年大提琴家陳世霖造訪RAW，用巴哈的音樂，在最辛苦的疫情當中，帶領大家由內而外，用「心」準備這次充滿創意及藝術氣息的世界之旅，鼓勵大家調整到最好的狀態，共同創作出屬於生命周而復始、起承轉合的畫面。

那天，好友陳世霖一邊拉琴，一邊解說：「巴哈的無伴奏大提琴中，藉由音符讓我們感受到自由，看到光芒，以及人性中一切複雜的情感。」他的嗓音也像大提琴般渾厚動人，聽他分享，大家的眼神不由得亮起來了。「其實我今天要帶來給主廚以及在座的大家，無伴奏組曲之三的薩拉邦德舞曲（Sarabande），它是一個慢板樂章，讓每個在為理想奮鬥的人，藉由那片刻的沉澱，找回自己當時之所以要努力的初心。」聆聽他拉琴時，我不由得感覺到料理就像音樂，將每個音符或食材個別分開便失去意義與畫面。重點不在於華麗的技巧和儀式，而是在重重累疊之後，所產生的化學變化及感情的投射，讓體驗變得具象，讓人記憶深刻。而且，高深的藝術似乎都帶有一種特質：看起來愈輕鬆的，其實愈困難，在一切優雅的背後，那些看起來毫不費力的底層，是苦心孤詣的決心與努力。

當巴哈充滿力量與玄思的樂句，藉由弓與弦的磨擦而詮釋出來時，我深感在RAW的我們何其幸運，能夠在席地而坐之間，沉醉於料理和音樂的共同感動。

不從眾的審美與品味

Chapter 12

每個人都必須要建構屬於自己的審美，
這種審美鑑賞力不是按照食譜，依賴標準答案就可以得到，
它來自於長時間用心揣摩，經歷無數次手與腦、心與情的投注，
美，只能領悟，無法給予。

人的味覺是從小到大逐漸養成的，與我們的成長和教養有關。有一回，我在一所大學演講，聽眾是來自全台約八十位高中和大學餐飲科系的老師，會後有一位老師問我：「你覺得我們現在的餐飲教育有哪些地方需要調整？要怎麼教育我們新一代的學生？」

我回答說，我們現在教學生烘焙麵包，最直接想到的就是找吳寶春來教，而且最好照抄他拿到世界冠軍的「米釀荔香麵包」，學生在課堂上一五一十記住整個製作過程與細節，甚至同樣選用彰化縣芬園鄉的荔枝乾、屏東縣三地門鄉原住民的小米酒、埔里鎮的有機玫瑰花瓣，再加上核桃及老麵，正確無誤、依樣畫葫蘆的照做。或許這是很多人認為最好的教育方案，但對我來說，正好相反。「世界第一」的標準是別人設定出來的，但真的適合每一位學生嗎？每個人照著做就能變成世界冠軍嗎？

美，只能領受，無法給予

長久以來，在應試主義的制約之下，我們總預設了某一類的「標準答案」。對於美，大部分的人也理所當然以為，美只有一種標準答案或公式。學生只要背下來，照著做，就可以「有美感」。好像一把尺，拿出來量一量，符合的就是「美」，不符合的就是「醜」。美，成為一套固定做法或標準答案，但這恰恰違背了美感教育的精神。

對我而言，味道本身就是一種審美展現，好的料理說到最底層的核心，並不只是煎煮炒炸的技術層面，而在最後呈現怎樣的美感。因此，每個人都必須要建構屬於自己的審美，培養自己對於美的鑑賞力。

這種審美鑑賞力不是按照食譜，依賴標準答案就可以得到，它來自於長時間用心揣摩，經歷無數次手與腦、心與情的投注，關於色聲香味觸，方方面面的舔嘗吮舐，才能一步步心領神會。美，只能領悟，無法給予。

建立起自己的美味邏輯

如果今天請來業界最有名的大廚，到學校示範怎麼做洋蔥湯，做完後把成品拿給每一位學生品嘗，大家都會一致認為這就是世上最好喝的洋蔥湯嗎？應該不會。

但如果我們邀請十位主廚示範，做出十款洋蔥湯，讓學生品嘗後選出他心目中最好吃的一款，並說出理由，這時，每個人對於「好喝的洋蔥湯」的認知，就會開始浮現。有人可能因為這一款洋蔥炒比較久、味道比較濃而覺得最棒；有人可能因為另一款的香料放比較多、味道更豐富而覺得好吃。任何一種理由都可以，但這也才是最重要的，當學生找出「覺得好吃」的原因，才能據此建立起自己對於「美味」的邏輯。

當接觸的料理愈多，也就能透過同樣的篩選方式，建立起屬於自己對美好味道的敏感度，逐漸發展出自己的「味覺美學」。老師只能引入門，帶領學生自己去理解「美是什麼」，但絕對不能告訴他們「什麼是美」。我從來不希望，十位學生上完課之後，只會做出同一款「江振誠的洋蔥湯」。我更期待，十位學生可做出十款不同的洋蔥湯，而每一款都是學生依據自己對於「美味」的理解，所做出自認為最好吃的版本，這才是我心目中美學的養成方式。

同樣的，教學生做肉丸，我不會找有名的業師來教，而是在課堂上提供十種不一樣的肉丸，由他們吃過之後，讓大家討論：「你覺得哪一種肉丸最好吃？最喜歡哪一個？為什麼？是皮炸得 QQ 的最好，還是內餡包著筍絲的最有口感，或是蒜泥拌醬味道最濃烈的那一個？」讓學生找到自己最有感覺的肉丸，再開始教授做法。

審美如此，一個人選擇老師的邏輯也一樣。當一個學生在打磨自己成形的過程，想要找到自己的師傅或老師之際，到底要找名氣最響亮、世界第一的老師？還是對你最有幫助、最適合的老師？答案在你自己。如果你缺乏內在的判斷力與鑑賞力，人云亦云，你不一定知道某位大師或名人是不是真正適合你。你也許一開始想要跟風做冠軍麵包，但試過之後，才發現自己最喜歡的其實是吐司，不是「米釀荔香麵包」。

同樣的，每天都有不認識的學生在臉書或ＩＧ私訊問我：「Chef，我現在畢業了，你覺得我應該選擇什麼樣的工作？你覺得我可以去哪裡工作？」我總告訴他們，你必須挑一個自己喜歡的餐廳，那裡的料理令你神往不已，從你真正喜歡的餐廳開始，而不是選擇名氣大、談論度高、看起來很酷的餐廳。你必須保有開放的心，listen to your heart——傾聽自己的心聲，同時尋找自己真心所愛的答案。

沒有配方，才能追求更準確的味道

在我們的餐廳裡，沒有配方，也沒有食譜，這是我一直以來的做法。沒有配方的料理，必須建立在對整個做菜的流程、順序有一個基本認知，也就是所謂的「常識」上。假設你要做一個番茄醬汁，你得知道要先炒洋蔥、放香料，而不是先放番茄，再炒洋蔥。你必須清楚理解料理的基本架構，步驟先後，才能再進一步。有了基礎認知，但是沒有配方，怎麼能讓每一次的味道都一樣？我認為，沒有配方的味道，其實是在追求更準確的味道。如果今天按照同一個配方，在台北、台中、台南、新加坡、巴黎做一個番茄醬汁，結果會一樣嗎？我想並不會，因為食材不同，所以這個配方的準確性已經沒有了。即使食材完全相同，一個人跟著配方做，另一個人沒有跟著配方做，你認為在這個過程裡，哪一個人會品嘗醬汁更多次？我說是「沒有配方的那個人」。

為什麼？味道的準確性來自於你的味蕾，味蕾決定這道番茄醬汁最後應該是什麼味道。沒有食譜配方的人，因為不確定，反而更小心，更在意味蕾的反應，努力讓自己味覺更敏銳，有意識的訓練自己的味蕾。他會一試再一試，讓味蕾產生難以磨滅的印記，好永遠記住這個味道。

所以我發現，有配方的同學做菜時，可能從頭到尾都沒有好好試味道，反正按照食譜或配方的指示來做，直到最後快結束時，再加一點鹽、一點糖，兩手拍一拍，就算大功告成，而不是從頭到尾，堅持在每個細節確認味道。我們是廚師，最重要的是用心去品嘗每一種味道，而「沒有配方的那個人」往往做得更徹底。

我有一本十八世紀的法國料理書，我發現在十八世紀之前，所有的法國料理書都沒有寫分量，上面只寫著「一把洋蔥切丁」，或是「炒至金黃色」，沒有叮嚀要切多大或用中火，省略了許多精細的指令。但是，對我來說，十八世紀以前的食譜其實非常精準，因為每個人的洋蔥丁不會一樣大，你的中火跟我的中火也不會一樣大，你的洋蔥跟我的洋蔥也不是同一個品種，所以你炒五分鐘，跟我炒五分鐘的結果不會一樣。但是「炒至金黃色」本身卻是非常準確的敘述，因為可能我今天的洋蔥丁大一點，要到炒到金黃色需要十分鐘，但是我們最後的結果都是金黃色。相對的，你火大一點，可能只炒兩分鐘就已經上色了，若是硬要炒上五分鐘，就會焦了。所以為什麼我不給配方，就是希望大家能夠花更多時間體會，仔細的品嘗味道，真正用心檢視每個東西的狀態，而不是按表操課做料理。如果只是照食譜依樣畫葫蘆做菜，那麼你的靈魂在哪？這些菜色的生命力又在哪？

美感與味蕾與時俱進

不依賴食譜，不斷建構屬於自己的審美，還有一層意義：因為我們的味蕾是一直與時俱進的，所有的感受將不會永遠停在過去，而會不斷演變。有人說，一個廚師最多只能做出「他吃過最好吃」的料理。如果我們每天都吃不同的料理，在不斷體驗下，對於「好吃」的定義才有機會持續進步。就像今天覺得這道菜超好吃，但明天吃到另一樣新的東西，可能會發現，原來那個才是真正的好吃！就像有些老店，我們小時候吃驚為天人，但長大後再去吃，卻覺得很普通。很多時候，並不是這家店的廚師技術退步了，而是我們的味蕾進化了。或是，我們回頭看自己十幾二十年前的照片，往往都會覺得那時候的妝容好土、造型好蠢，但那時我們一定都深信自己是好看的，甚至走在時尚尖端，才會特地拍照留念。然而此刻的我們對於時尚的認知，已經和過去不同了。

我也曾回頭看自己十年前做的料理，那時我到處跟人解說：「你看這有多好！」大家也都點頭讚賞：「哇！這真的好棒！」但是若以現在的眼光來看，就會覺得那些菜「好可怕」。不管是化妝、髮型或是味覺，我們對於美的感受，會一直隨著時代進步，不可能，也沒辦法停留在某個時期的美，相信那就是永恆不變的「最美」或「最好」。因此，我從來沒有留下配方，廚房裡也看不到食譜，上桌的菜色可能只有今晚吃得到，明天再做其他的，後天再想新的，創意不斷翻新。如果創意夠好，它自然會留下來，變成傳統，甚至沉澱為歷史的一部分。但這些曾經有過的，都不能變成一種揹在身上的「蝸牛殼」，成為限制我們的東西。

過去三十多年，即便我的舌頭已經嘗過日本、法國、印度洋、非洲、中國的各種味道，腦中的味覺系譜已經建構得非常豐富且細緻，但我仍然每天持續訓練我的味蕾，深化更多美感經驗。當一個人時時歸零、保有空白，就會因為無法往後看、找到依靠，讓他即使在面對一大片荒原時，仍會勇往直前。

梳理出事物的本質

Chapter 13

食譜不是配方，而是對創造力的限制。
別人事先擬定好的組合，很多時候並不是帶來指引，
反而不知不覺之間限制你的想像。

很多人問過我，要怎麼樣才能成為像我一樣的國際名廚？我的回答是：「你要先愛吃。這不是指貪吃，而是品味的訓練。這是當廚師的基本條件，想要成為一位廚師，你一定要對品嘗各種食物充滿好奇，然後，再從每一個你愛吃的料理中，找出它為什麼好吃的理由。了解為什麼A＋B＋C就等於好吃？這些食材與味道組成的邏輯，味道之間的化學變化，到底是怎麼發生的？」

失去一致性，獨特性就會被稀釋

對「好吃」的好奇心，來自於小時候我家住在士林夜市旁邊。每當我走進夜市，這邊攤位在切水果，那邊攤位在炸東西，各式各樣的味道混在一起，就讓我有新的想法冒出來，心想如果水果和炸雞排都很好吃，那加在一起會不會更好吃？又或是要怎麼加，才能讓兩者的美味都同樣彰顯，卻不會打架？

所以至今，我若要發想一道新菜色，就會固定站在廚房中，感受每一樣食材或料理的色香味，聞聞這邊切桃子的香氣，嗅嗅那邊炒豬肉的味道，進而用我的鼻子和舌頭，去發現種種可能的新組合。這也是為何我幾乎什麼書都看，但就是不看食譜，我也沒辦法坐在辦公室或電腦前，就寫出新菜單。對我而言，食譜不是配方，是對創造力的限制。別人事先擬定好的組合，很多時候並不是帶來指引，反而不知不覺之間限制我們的想像。

舉個例子，一提到「燻鮭魚」，你會聯想到什麼？可能會聯想到洋蔥、酸豆或檸檬，這些都是食譜上常見的標準搭配，但燻鮭魚為什麼不能搭配木瓜或西瓜？它們真的不搭嗎？你試過嗎？我覺得不會，因為我試過！但當你看多了食譜，覺得某些固定組合才叫「合理」時，就會出現「模版式制約反應」，你會很難跨出那些思考的慣性框架，限制自己不再有天馬行空的創意。如同我之前提及的「資訊操控」，每一個訊息都可能框架或改變你的決定，這就是資訊的暗示力量。對料理創作者來說，現成的食譜，暗示著某一種食材搭配的慣性，甚至會在不知不覺中深深植入你的腦袋。

很多人會為了找靈感而拚命追求世界最潮、最時行的元素，但我從來不這樣做。靈感來自日常不斷累積各種新事物的知識，只要你夠努力去嘗試，並保持對生活周遭事物的敏銳度，就能不斷發掘那些隱藏在日常生活中的寶藏，創作出令大眾驚豔的作品。然而，創意如同走鋼索，如何在驚喜與驚嚇之間拿捏尺度？每個專業主廚應該基本上都要有這種控御能力，好比練武的人都知道，自己出手一拳打下去是七孔流血，一舉摧毀五魂七魄，還是點到為止，令人心喜驚嘆。

至於「到處找靈感」這件事，我認為客人來我的餐廳，期待看到的是我對食材的演繹方式，所以我的料理必須要有屬於我個人風格的一致性，不能這次是中國風，下次是墨西哥風。若沒有一致性，屬於André的獨特性就會被稀釋掉。而保持一致性的方法，就是不斷往內看、向內挖，如同我在塞席爾的覺悟歷程，直接面對食材，摒除雜訊，才能挖出更多屬於André對料理和世界的想像，讓客人到餐廳的「André體驗」深刻而濃厚。

單純有力的普遍美味

經過近四十年的探索，我一直深信著，「美味」其實有普遍法則。當一個人很餓的時候，他在紐約時代廣場吃到的牛肉漢堡，和在感官花園享用到的松露鵝肝，這兩件事情表面上很不同，但它們刺激人們大腦所達到的「食物興奮感」卻是一樣的，不會因為它是松露鵝肝就比較多，也不會因為它是漢堡就比較少。

又比如，西伯利亞人愛吃生冰魚、生馬肉，北海道人愛吃生海膽，這些食物在別的地方不一定受歡迎，但在對的時間、對的地方，在屬於它們的獨特風土都是成立的，這些食材所衍生的食物興奮感也是一致的。又例如，人類無法抗拒「炭烤」這種料理，因為炭烤產生的「梅納反應」是人類對「好吃東西」的本能界定，也就是食物中的醣類蛋白質經由加熱時的焦化及褐變，產生誘人的色澤、可口的風味和無法抵擋的香味。炭烤，奪取人類身體本能的衝動與喜愛，這種欲望可能是長時間演化所與生俱來的必然性。不管人類的飲食品項再怎麼演變、推陳出新，終究，我們無法抗拒這樣單純、有力的東西。

歸納來說，我相信在跨文化、跨地域、跨族群之間，仍然有共同的美味方程式，也就是這種「食物的興奮感」。我們對於食物的審美，是透過吃而得到理解。哲學一點來說，食物不僅提供溫飽，更是精神能量的來源，甚至讓人可以體驗「美和崇高」的類宗教性感受。美味的公式之所以成立，是因為當味道的組合達到某種平衡，就能夠刺激大腦產生「食物興奮感」，因而覺得美味好吃，這也是為什

麼「平衡就是美」。

掌握基本原則，就能恣意想像

我之所以有這份自信，是因為我知道什麼是「好吃的方程式」，這不是指食譜這類僵硬的框架，而是我知道味覺的構成要素，如何可以達到美的平衡。好比畫家對各種顏色的組合與搭配原理，有明晰敏銳的覺察，同時有一定的技巧，能在創作中成功施展。畫家的眼裡不會只有一種綠，正如愛斯基摩人的眼中不會只有一種雪。要成為一位畫家，必須先了解色彩學，掌握顏色的組合與搭配，經由不斷的練習，便可以描繪出晨曦裡的薄霧、森林青苔的螢綠、鬼頭刀魚鱗的七彩光芒等等。

相同的方式，廚師的表現材料就是味道和食材，這些是我們的字元（alphabet，引申為「基本元素」），就像畫家了解了每個顏色之間的化學反應，只要有三原色，就可以畫出任何一種色彩。而廚師只要能掌握味道與食材基本的「美味方程式」，就能創作出各種變化的料理。

我在國內外共有七家餐廳，分屬七種不同的概念，各白主攻不同的菜系，有法國料理、川菜、日本料理、台灣味，還有美式料理，每間餐廳都是完全不同的風格，也由完全獨立的料理團隊經營。很多人問我：「你學的是法餐，為什麼能做川菜或日本料理？」我不見得最會做川菜或日本料理，但對好吃的定義、料理的組合，我比任何人都了解。因為我理解其中共通的「美的根本原則」，從本性去發揮，就能讓每一種料理，都發揮出最美的一面。而當我清楚掌握了某種料理的「字元」，就有話語權。

對一間餐廳最難的不是每道菜都不重複，做為藝術總監，我的功能是「梳理」，我不會告訴他們一百件不要做的事，而會告訴他們最重要的事是什麼。每次研發菜色，我的角色是把關者，要團隊主廚思考什麼是這道菜最核心的本質，以確保他們沒有偏離本質、核心，將那類型料理或菜系原本的精神梳理出來。梳理完後，我並不在其中添加André的東西，反而拿掉多餘、不需要的枝節，還原其根本面貌，進而從中提煉出純粹的美味方程式。

進入忘我的心流境界

Chapter 14

做料理時，我不覺得自己是在工作，
而是在做一件開心的事，注意到所有微乎其微的細節，
腦海裡的創意就像電線走火般霹靂啪啦作響。

我喜歡在安靜的地方獨處、思考，那種安靜是很絕對的，就連低頻的背景音或蟲子微弱的聲音都沒有，好似凌晨三點萬籟俱寂時，坐在充滿隔音泡棉的錄音室裡，沉浸於深刻的自我對話。當我安頓在這樣幾近真空的狀態中，心情會呈現平靜的狀態，身體便像水母漂一般鬆弛，此時會很神奇的浮現很多靈感。而當我有更多空間釋放出更多的想法時，就更容易做出對的決定。

《小王子》（*Le Petit Prince*）裡面有一段非常打動我的話：「What is essential is invisible to the eyes.」意思是「真正重要的東西，是肉眼看不見的」。肉眼是向外看的，而心眼是向內覺察的，我們容易被表象所眩惑，但心卻能敏銳的感知與拭亮，把抓到最核心的事物。特別在現今眾多雜訊干擾的世界裡，這種近乎真空的「me time」（獨處時光），讓我們可以直面內心、沉澱情緒、過濾雜訊，讓事物展現它們本然真實的樣態，掌握其中「真正重要的東西」。這種澄澈的心眼，在創作料理時，尤其重要。

用味蕾譜曲

在廚藝上的開拓，五感扮演最為重要的角色。一個廚師能夠創作出什麼樣的高度，取決於他的味蕾能夠分辨多少味道的層次。

味蕾的深度來自經驗的複雜性，我習慣在夜深人靜時，調動腦中這三十多年累積的各種味覺經驗，用想像來做菜，有點像作曲家或是編曲大師。當我們記憶中的味覺愈深刻，經驗愈多，對於味道的寫作與編曲愈是精準。作曲家將所有的樂器、音符、人聲，都當成是聲音的素材，先抓住「節奏」，再加入鋼琴的聲音，再融入小提琴的線條，最後導入人聲。讓曲子不重複，可是又一層、一層加厚，變成情感濃郁的作品。

一個有創作力的廚師也如同作曲家一樣，把每一種味道，以合理的順序，一一疊加進來，讓每個味道發揮效果，不會重複或是掩蓋其他味道，從而交織出豐富的層次，成就一項作品。沉浸於這樣近乎真空狀態裡，創作其實變得非常直覺、快速。比如，假設我覺得吃完「咖哩」之後，後面應該要來碗「湯」，可能之前的經驗是一碗玉米湯，但這次可以提升為南瓜湯，或松露濃湯。重要的是「咖哩」之後要接著「湯」這個軸心不會跑掉。至於是什麼湯，一個料理人在不同的階段或依不同的經驗，會給出不一樣或更好的方案，這就是靈感。

我很喜歡吃玉米，所以餐廳每季菜單也一定要有玉米。其實我是很偏心的，但我會在每一季想出不一樣的方式，讓自己進化。有時是強調玉米的「顆粒感」，有時是嗶嗶剝剝的「爆漿感」，又或是思考怎麼把玉米的「甜」表現出來。在沒有任何東西干擾的狀態下，聯想是直覺的、自由的、充滿創新的，同樣都是玉米，但是每次都會以不同的方式讓它重新「在嘴裡面說出來」。

如果你必須要在兩秒鐘之內回答一個問題，它會是一種生理反應，沒有經過你的腦袋，就好像對烤肉的喜愛，是純然的生理反應。我總是不按牌理出牌，永遠喜歡把自己逼到絕境，再找出路，只有這種時候做出的選擇、調味出的料理，才是最原本的自己。

可以一針見血，就不需要花拳繡腿

我常常被一個很簡單的東西所打動，一道菜或一篇文章之所以打動人心，一定是那個最單純、最直接的東西。進入創作的痴迷裡，有時我會理智斷線，沉浸於當下，訴諸於直覺感受，把最簡單的東西留下來，當下即是。所有的創作或是想法，都要讓自己保持在一個最pure的狀態。從容的背後，是一種專注或精準，如果你可以一針見血，就不需要花拳繡腿，甚至有時當你花太多時間思考時，創作反而變成沒有重點。

我在自己的塗鴉本上，隨手潦草寫下那些飄飛而來的靈感，有時是食材的組合，有時是顏色的感動，有時只是幾筆勾勒的圖像。在還沒有這個本子之前，我總是隨手畫在杯墊、餐巾紙、包裝盒上，然後漫不經心隨處棄置，久了就被扔掉了，我太太卻把它們一張張撿回來。有一天她終於撿得受不了了，送我一個本子，要我畫在上面，成為我隨身攜帶的靈感塗鴉本。

當靈感走向具體之後，每道菜的發想我都會跟團隊分享。我自己設計了一個「味覺的九宮格」，想像不同味道，在九個格子裡打破順序，嘗試隨機用各種排列組合，碰撞出新的火花，最後找到最佳的美味方程式，這是我自己的方法。

料理不僅講求味覺，視覺也要求賞心悅目，因而在構思作品時，我習慣在盤子上包一張保鮮膜，拿起奇異筆在上面勾勒我的作品，像一張畫布，任由想像力帶領我，模擬如何擺盤、食材分量的比例、顏色如何對比，有時不滿意，就撕掉重來。我不屬於天才型廚師，我一點也不是靠天分，有的訣竅只是勤能補拙而已。

著迷，就會進入創作的心流狀態

有一天，我跟一位好友聊天，他說：「André，我覺得你對料理是一種 obsession（痴迷）！」我對料理，或許真的是一種痴迷、火熱、無法自拔，甚至幾近瘋狂。做料理時，我會不由得進入 obsessed 的狀態，不覺得自己是在工作，而是在做一件開心的事，obsession 會使我的瞳孔放大，腎上腺素大量分泌，注意到所有微乎其微的細節，腦海裡的創意就像電線走火般霹靂啪啦作響。

所以，關於創作或靈感，重點不在我們有沒有具備這個能力，而是我們夠不夠

obsessed。或許我並非與生俱來「絕對味覺」的能力，但我對料理夠obsessed，才會不斷滾動味覺的雪球，讓味道的記憶庫愈來愈多、愈來愈發達，想菜時，就可以調動很多味道資源來搭配。其實很多事情都是相通的，你看花蓮的太平洋，畫家會告訴你，光一個海平面就有淡藍色、鈷藍、群青、蒂芬妮藍等等，這些顏色不只是兩、三種顏色調出來的，甚至是四、五種顏色調出來的。味道也是如此。

味道是一種感官的意境，我也像個詩人，用想像力調動味蕾的起承轉合，只是意念或文字變成了不同的味道組合。我是用食物寫詩，不管什麼食材、調味或是菜系，最後的境界皆是繁複而統一、整體且豐富、簡單但多樣的融合，其將達到美感的平衡。

貧乏是另一種豐美

Chapter 15

最簡單的環境，食物依然能有最美的表現，
只是那種美，和我們過去習慣的形式及標準不一樣。
就像厲害的大師，就算手中只有黑、白兩色，
依然能畫出滿紙壯麗的水墨山水。

二〇一九年，我進行了一個紀錄片的專案「Food in Our Time」，從腳本到設定，都是我自己的企劃。在這部紀錄片中，我走訪了全球許多地方，從北半球到南半球，從酷寒的西伯利亞到酷熱的迦納非洲大陸。很多人聽到這裡，可能會期待這是一部「世界名廚帶你吃遍全球」的影片，很抱歉，這部片並不是一趟旅遊或美食之旅，整個過程我甚至完全沒有動手做任何一道菜。但我在影片中，仔細傳達了「人類如何創作料理」，以及「不同的板塊、不同的歷史，料理是怎麼來的」。

聽起來好像有點嚴肅，但我認為，擁有會做料理的技術，只是身為廚師必要的能力，真正能讓一個廚師與眾不同的，是廚師對於料理創作這件事，有沒有屬於自己的哲學。

哲學來自一個人對世界的觀察和歷史的理解，包括探究「我從何處來」、「為什麼我在這裡」以及「未來我將往何處去」的思考。在這部紀錄片中，我所要傳達的是「料理的哲學」，希望經由走過世界，告訴這個時代的料理人，料理是怎麼形成的以及料理的歷史，才有脈絡發想屬於自己的「料理哲學」。

旅行拓展你的想像力

為了拍攝這部紀錄片，我去了一趟世界上最冷的地方。有人會覺得，這個地方天寒地凍、物產稀缺，也沒有什麼知名的廚師或料理誕生於此，為什麼我會想去？我一直認為，就算一個地方限制再多，也會發展出屬於在地的飲食系統，而尋找這些餐飲背後的故事和脈絡，可以拓展我對料理的想像和可能性。

西伯利亞即是一個環境嚴苛到超乎想像的地方，我最想要理解的，就是當一個地方的自然環境非常貧瘠時，是否還有辦法產出好吃的料理？就像電影「侏羅紀公園」中說的：「Life finds a way.」（生命自會找到出路。）

在西伯利亞的旅程中，我吃到了許多以前沒有經歷過，甚至光聽做法和素材，就直覺「應該不會好吃」的料理。印象最深的一項，就是「釣冰魚」。西伯利亞天寒地凍，戶外溫度可以到零下五十度以下，當地人在冰川上鑿洞釣魚，魚從水中拉起，瞬間就結冰，成為冰棒一樣的凍魚。當地人熟練的拿出小刀，幾下就把魚皮剝掉，然後像刨木花一樣，把凍結得硬邦邦的魚身，削出一片一片極薄的冰凍生魚片，直接沾鹽來吃。

我一開始也狐疑，直接吃冷凍生肉會好吃嗎？甚至心想，這樣生吃的做法算是得上「料理」嗎？但我吃了之後才發現，當地人之所以這樣吃，不是沒有道理。當地天氣寒冷，魚類身上的油脂非常豐富，切成魚肉薄片，入口時雖然冰冷，但隨著魚肉接觸到體溫，脂肪便慢慢在口腔裡融化，肉片由原本的硬脆，逐漸軟化，變成略帶沙西米（生魚片）的口感，隨後油脂在口腔裡化開，釋放獨特的風味。料理界有句話說：「No fat, no flavor.」也就是有脂肪就有風味，風味來自於脂肪。生魚薄片吞下肚後，令人想像不到的是，我的身體也開始漸漸變暖。

這完全顛覆了我過往對於餐飲的理解，原來在冰天雪地裡吃冰凍食物，居然可以讓身體發熱！所以，這道料理看似沒有任何人為的烹飪技巧，其實充滿了前人生活經驗累積下來的智慧結晶。

此外，我還吃了當地獨有的馬肉，以及血淋淋的生馬肝，那是世界上唯一在零下六十度也能生存的雅庫特馬，和冰魚一樣，是將生肉直接結凍、切成薄片來吃，就像是馬肉的沙西米，味道卻非常清甜。這是當地人賴以維生的肉類來源，也是我味覺上的嶄新體驗。剛開始我對生吃馬肉、馬肝仍有些顧慮，但是這些馬從出生就一直待在冰天雪地的地方，吃的也是幾近無菌狀態的食物，整個生態鏈都是無菌的，我想通後，心裡的障礙也瞬間排除，如同我們大啖北海道的生海膽那麼自然合理。

透過新事物，重新體會美的定義

西伯利亞之旅，讓我再一次重新思考「料理」的定義。在很多人的認知中，美味的料理就應該是食材多樣、調味精美、做工細膩、色香味俱全，如此才稱得上「美食」，也才能彰顯廚師的「價值」。然而，西伯利亞的料理是生活經驗的料理，是文化。該地氣溫極低，地處偏遠，不僅種不出蔬菜，連外地進口食物也極少，因為先天限制，讓很多當地料理都只是把肉類結凍後，直接切片來吃。這算不算是料理？那裡到底需不需要廚師？

我剛到這個地方時，深深覺得這裡真是一個非常匱乏的地方，什麼都沒有。但當地人面對我的感嘆，完全不覺得，並表示：「我們什麼都有啊！」他們喝最清澈乾淨的水，吸著完全無汙染的空氣，食物大部分都是生的，零下五十八度的戶外，就像是天然的超低溫急速殺菌冰庫，生食反而可以得到最新鮮的味道、最完整的營養。

走過這遭，我開始領悟西伯利亞的那些冷凍生魚薄片、冷凍馬肉薄片，也都是某一種獨特的料理形式。換個角度來看，當冰魚肉從入口、碰觸舌頭、咀嚼到吞下喉嚨，等於由零下負五十度開始加溫，最後變成體溫的三十七度，這一整個歷程不就等同於「料理」。只是在這裡，決定料理該長什麼樣子的，不是廚師，而是大自然。大自然看似嚴苛，卻也送給當地人們一個盡情享受天然新鮮料理的無菌室。

如果以顏色比喻，物產豐饒的台灣，信手拈來就是滿滿五顏六色的顏料，可以畫出各式各樣豐富色彩的畫作，而西伯利亞環境貧瘠、物產缺乏，就像一個只有黑與白的單色世界。

剛開始，由於過往的料理經驗與訓練，面對食材貧乏，我對當地料理並沒有什麼特別期待，但體會過後，我發現最簡單的環境，食物依然能有最美的表現，只是那種美，和我們過去習慣的形式及標準不同。就像一個人如果能把千百種顏色都放進一張畫布，把色彩運用到極致，那當然可以稱之為大師，但厲害的大師，就算手中只有黑、白兩色，依然能畫出滿紙壯麗的水墨山水。

這次經歷，讓我重新思考料理的本質是什麼？社群媒體的發達，各種美圖拍照需求，讓社會愈來愈崇尚料理的視覺美與奢華感，但當料理變得愈來愈花俏與複雜，實際吃進去的養分又剩下多少？還是我們吃的，只是徒具形式的外表而已？走過西伯利亞，誰貧瘠，誰富足？什麼又是好料理？我開始學會放下過往自以為的認知，對每件事情都在心中打上問號，讓自己有更開闊的思考。

所謂質勝於文，或許本質強過任何偽飾及加工，以原始的樣態呈現本身就是最強大的語彙。

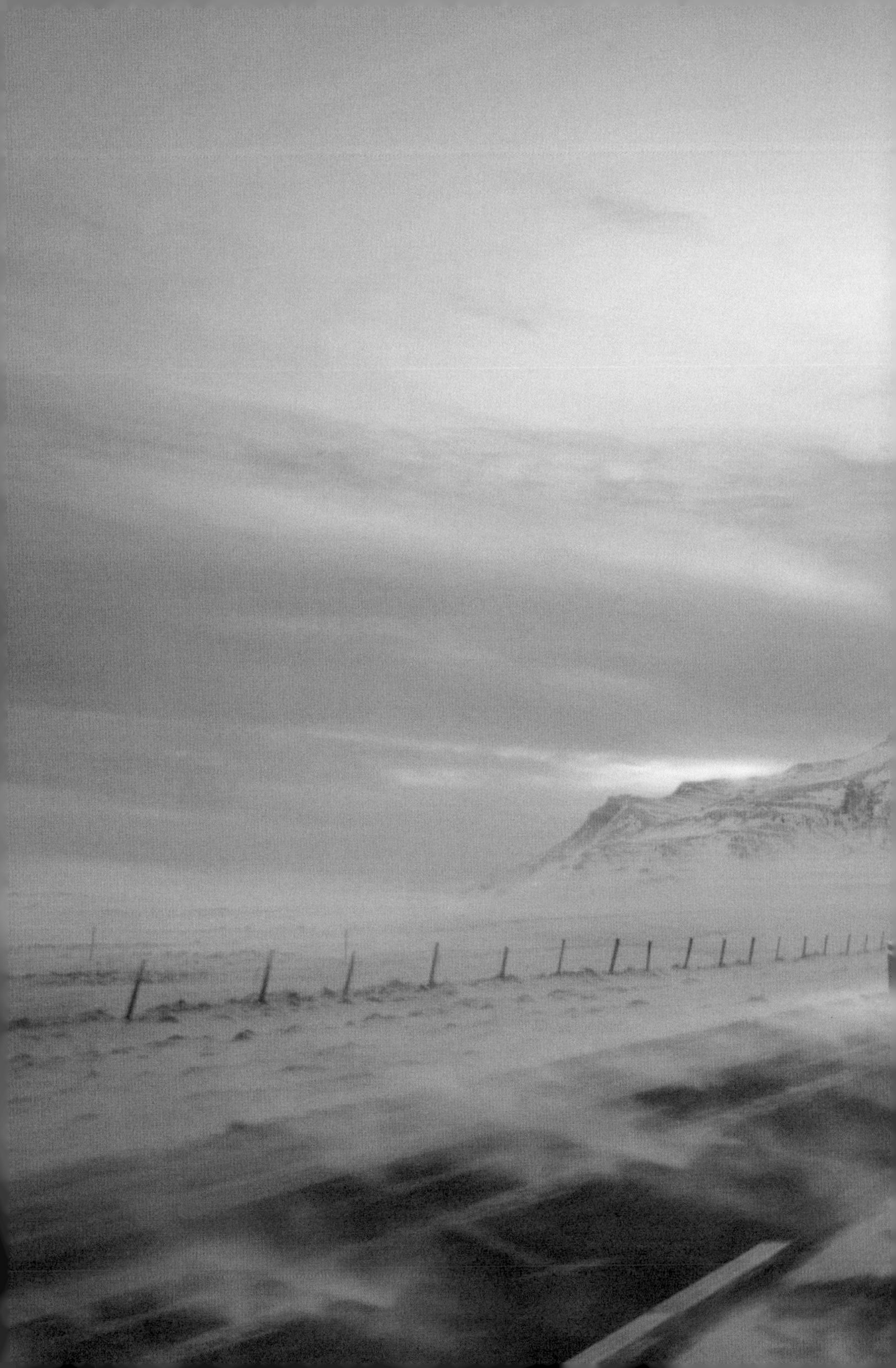

平衡——理性的腦

輯四

創意並不是一個不存在的事，或必須要什麼經驗，
而是你不斷在想解決問題的答案，
而且那個美是你自己的定義，你知道那是美的、好吃的。

有一項無人能及的技能

Chapter 16

與其淺挖九井，但都徒勞無功，
不如深掘一井直到湧泉來的有用。
每個人都讓自己的專長發揮最大效益，
就能組成黃金團隊，而不是相爭。

一直以來，很多人想要來我的餐廳工作。每次面試時，我一定會直接問應徵者：「你有沒有一件事情，可以做得比這裡其他的人都好？」因為我認為，工作的首要是認知我們都只是團隊的一個部分，你能在這個團隊活下來，是因為你有「一件事情」做得比其他人都好。

你最擅長什麼？

RAW的總監今年只有二十六歲，當初我面試她時，還是一位剛滿二十歲，沒有工作經驗的學生。我喜歡用「從零開始」的年輕人，純如白紙的初心，使他們的思緒單純，進步快速，對品牌和企業的向心力也更好。現在，她的職階已是全公司第二，不只獨當一面負責整個外場，帶領的同事有一半年紀都比她大。她並不是特例，在RAW，員工的平均年齡只有二十五歲左右，最大的不過三十出頭。

很多人聽到我喜歡用「從零開始」的新鮮人，都十分詫異的問道：「沒經驗，又非本科，你怎麼敢確定這個人可以用呢？」其實，是不是餐飲科系學生，有沒有相關經驗，對我來說並不重要。因為所有人都只是團隊的一部分，一位新進員工能在團隊活下來，是因為他有一件事情做得比所有人都都更專精、更強、更好。這個「比別人厲害的專長」，不一定要非常「高大上」，不論是擦窗戶、掃地、調酒、擺盤，還是天馬行空的想像力，總之任何與餐廳營運相關的工作都可以，但總要有一件事特別強，強到無可取代，才能夠在團隊裡生存下來，也才有留下來的價值。

例如那位年輕的總監，她有強過所有人的組織能力，能非常有條理的把團隊每一個人當天的工作和班表詳列出來，盤點和規劃好整個團隊的運作流程與節奏，例如幾點幾分誰該做什麼，確保所有大小事情，都能在最順暢的軌道上有效完成。她來面試時，雖然才二十歲，但當我判斷她可以做到這件事，就毫不猶豫的錄用她。組織力是領導統御的一環，對任務的透徹解析、人力的精準落位、細膩又宏觀全局的視野，都是她勝人一籌的特質，事實也證明，她的投入對餐廳整體的運作上有著關鍵性的助益。

深掘一井，直到湧泉

「你最擅長什麼」聽起來很簡單，但我發現，很多人都無法回答，只知道自己會什麼，但對於自己「最擅長什麼」、「贏過別人什麼」，並沒有明確的認知。古希臘阿波羅神廟大門上鐫刻著一句著名的箴言：「認識你自己。」可知其重要性。當一個人不知道自己最有能力、最具優勢的地方，自然也就無法確認自己能在哪個位置上獨當一面。而要達成真正團隊合作，核心條件之一就是「知道自己什麼最厲害」，才會知道自己能貢獻什麼。

例如廚房裡有一位員工最擅長「切配」，對於不同食材要切成多細、多少分量，擁有極佳的精準度。因為食材的比例會決定一道菜的味道平衡，就像一盤青椒炒牛肉，要配多少牛肉、青椒、蒜頭才是完美組合，這是一種專業。即使是切洋蔥丁，他切出的造型一定是大小均質的小方塊，不會有奇形怪狀的瑕疵品。而這位「最會準備食材的人」，配好一盤食材，就可以轉交給另一位「最會炒的人」。切配和炒菜是不同的專業，會切配的人不一定會炒，會炒的人或許切菜配料的功夫就沒那麼細。但兩人搭配，就能做出最完美的一道料理。當廚房中每個職位都有對應的專家，有的對調味非常敏銳，有的對炙燒控溫非常拿手，這家餐廳就能提供客人最完美的料理和服務。

在現今分工合作的團隊裡，你的能力是淺挖或深掘，差異非常之大。我的團隊所要的並不是一群言聽計從，凡事照章行事，只求不出錯的員工，而是需要每個人在自己的工作崗位上，把任務做到最好的專家。俗話說：「與其淺挖九井，但都徒勞無功，不如深掘一井直到湧泉。」我遇過太多來自三年、五年西餐本科出身的「老手」，煎牛排學了三個月、拌沙拉兩個禮拜、燉雞湯半個月，每樣都沾一點，這也還可以，那也還好，表面上好像會很多技能，但沒有一樣是專長，這樣的身手在團隊中等於沒有存在必要，當然不會被錄用。

有光就有影，缺點同樣重要

不要誤會，我要找的不是事事完美無瑕的專家，而是帶有缺點的學習者。我不在意短處，每個人都有短處，但一個人要清楚自己的短處，才會知道怎麼進步，別人也才可以幫助你，不然別人沒有存在價值，你也不會有成就感。有光就有影，缺點同樣重要，因為一個團隊裡，每位專家都有缺點，很自然就會互相依賴。例如，A組織規劃能力很強，但創意欠佳；B很有創意，但紀律稍差；C非常有時間管理觀念，會督促大家跟上進度。把這些人湊在一起，大家會知道自己需要另一個人來協助補足弱點，讓自己的專長發揮最大效益，彼此也就能組成團隊，而不是相爭。

缺點之所以必要，理由是我們不要求全能的「個體」，而是要全能的「團隊」，優點加優點即是「強強聯手」，缺點之所以不足懼，在於團隊彼此「相輔相成」，只有團隊贏，我們才會贏。所以很多人會擔心，如果錄取沒有經驗的年輕人擔任重要職位，會不會引起資深同仁不滿？但在RAW團隊中，這問題並不存在。因為沒有資淺的一定要聽資深的，或誰頭銜大，誰就是老大。所有人都清楚別人有自己不會的專長，自己也有別人沒有的特點，不需要外行指導內行。我一直努力打造扁平的組織結構，基層的新人和資深的幹部並沒有階層劃分，整個團隊都可以互相學習，無形中成為一種學習型組織，長久磨下來，這樣的團隊就會非常強大。

相信專業，打開心胸學習

英文有一個單字叫做brigade，意思是因擁有相同價值觀、共同目標而組成的團隊，或是軍隊的一個「旅」。之前在新加坡Restaurant ANDRÉ，經常有台灣媒體問我：「為什麼我的團隊沒有台灣人？」我常常說：「我的團隊也沒有非洲人，也沒有英國人，我想說的是這裡沒有國籍之分，因為國籍、人種、原本職業根本不重要。」我只問一個問題：「什麼樣特質的人才能夠待在我的團隊？在國際舞台上，一個人必須擁有什麼能力才有價值？」答案就是：「專業。」我曾在一次公開演講上提到：「Why no Taiwanese? We hire specialists, scientist, flight attendant, hotpot server, hipster.」（為什麼沒有台灣人？我們聘請專家、科學家、空服員、火鍋服務生、時尚人士。）

Restaurant ANDRÉ的團隊組成很有趣，我們有實驗室的科學家、空服員、火鍋店店員，還有文青雅痞，一般餐廳光看他們的履歷，根本不會僱用他們，但是我會。因為他們每一個人都是某個領域的佼佼者或專家，對我來說，不同經驗的人很可能撞擊出不同的火花，讓我們的創作更加全面。

這種邏輯和多數人的想法大相逕庭。記得曾有一位科學家來應徵，他雖然是做研究工作，但對料理非常有興趣。面談時，我發現他對廚藝的各項事情瞭若指掌，知道某名主廚此刻正在哪裡客座、某主廚又在紐約開了新店，知道各種新的料理技巧，或是當時討論熱度很高的發酵方式，這些細節都展示了他對料理的高度與趣與狂熱，唯獨他完全沒有經驗。

他到餐廳上班後，我要他做的第一件事就是整理倉庫。乍聽之下，這個任務絲毫沒有任何難度或挑戰，就是將架子上的麵粉、糖、香草、調味料等所有東西清空，擦拭整理後再放回原位。但他做完後找我去檢查，我赫然發現所有東西都不在原位，整個配置全變了。我不由得皺起眉頭，感到困擾，因為我完全找不到麵粉在哪？糖在哪？香料在哪？我問他：「你為什麼沒有照原來的方式擺回去？」他回答道：「我覺得若是按照原來的樣子，一定會找不到東西。」我疑惑的說：「可是，我現在已經找不到東西了。」他解釋過去在他們的實驗室裡有幾百、幾千樣的瓶瓶罐罐，包括各種催化劑、藥物或化學原料，研究員如何用最快的方式找到目標，就需要一套精密且大家熟悉的操作系統，而最通用的即是按照字母排序。如同在唱片行或是書店，歸納千百種、上萬種作品的系統，可以讓客人在最短時間內找到他想要的目標。

而這是我從來沒有沒想到的。我的廚師生涯，永遠都是照我長久的習慣來擺放東西，他給我上了一課，讓我學到從來沒有想過的新方法，我被他說服了，而且廚房真的更有效率。

每天學習不一樣的馬鈴薯沙拉

Restaurant ANDRÉ 廚房很小，十坪中卻擠了十三個廚師，而且分別來自十三個國家，我們團隊本身就是聯合國，每個人都有不同的語言文化、成長背景和專業，我們卻共同創造了 Restaurant ANDRÉ 的輝煌。為什麼？因為 we share！

就拿吃來說，大夥每天輪流做員工餐，今天吃泡菜，明天吃壽司，後天吃漢堡，大後天吃炒菜，每天都由不同國家的人介紹自己家鄉的料理。有一天，我跟夥伴們說，我希望做一道馬鈴薯沙拉，放在晚餐的套餐裡，大家試做之後，桌上擺滿了德國馬鈴薯沙拉、日本馬鈴薯沙拉、法國馬鈴薯沙拉、韓國馬鈴薯沙拉⋯⋯，每個人對馬鈴薯沙拉的概念都不一樣，講出的故事也不一樣，調味更是不同，展示出各自不同的技巧。這個馬鈴薯為什麼要發酵？為什麼他先燙再拌？為什麼他先烤？為什麼他用蒸的？為什麼他用煮的？這種眼睛注視彼此，互相學習、啟發的模式很重要，不是團隊所有人的眼睛只看我，只向我學習，然後慣性反應：「反正我照做就對了。」

團隊沒有超級巨星，只有專家

我們團隊有一個特色，就是沒有人是super star，沒有天才型廚師，只有每天專注辛勤工作的「專家」。如果今天要辦一場宴會，我們需要有時間管理的專家、炭烤專家、甜點專家、外場服務高手、侍酒師、洗碗達人、音響專家，每位專家各司其職，每個人都有都有其貢獻，整件事情才能完成。我們廚房裡的真實對話往往是：「洗碗專家，請你告訴我，你要站在哪一個位置最好？你覺得盤子收回來要集中在哪裡？作業工具要放在哪裡？動線怎樣才會順？」讓專業的人做專業的事。

因此，在我們的團隊工作，成長的撞擊是很強大的，也很有成就感。因為每個人都是專家，都要提出最佳解法，大家提出之後，再一起討論出最佳方案，共同打造出擁有「工作美學」的場域。

三種角色組成黃金團隊

Chapter 17

身為領導人最重要的工作，
是辨識出員工是屬於創新者、執行者，還是協調者，
讓團隊每個人同步呼吸，
才能長長久久，達到工作美學的完美平衡。

經營餐飲業常見的一大困擾就是「員工流動率高」，有些餐廳甚至半年就幾乎換了一批人。但我的團隊流動率卻很低，很多員工跟著我五年、八年，甚至十年。RAW開業至今九年，目前很多員工都是一開始就加入的老鳥。這也讓很多苦惱於員工頻頻離職的餐廳經營者，跑來向我打聽：「主廚，你是怎麼做到讓員工可以待這麼久？」很多人總以為餐飲業之所以留不住人，都是因為薪資給得太低，但我認為，薪資是很重要原因，卻不是員工願意留下來的唯一理由。重點在於，團隊成員是否能互相合作、幫忙，從中得到成就感、歸屬感，甚至存在感。

齒輪、螺絲、潤滑劑，各司其職

RAW的團隊運作默契非常好，因為每個人都能發揮自己的重要角色，成為其他人的助力，有不同意見，也能在討論中找到共識，大家可以也願意尊重其他人的專業。這樣的團隊，不只有戰鬥力，更能夠團結。要組成這樣的團隊，不只是靠運氣，更需要依靠仔細挑選員工與角色安排，才能讓所有人連結在一起。

對我來說，一個運作良好的團隊，就好比轉動流暢、跑速飛快的引擎，牽引著整家公司不斷往前，持續迎接挑戰。一具引擎一定會有三種不同功能的零件：將每個零件固定在正確位置上的「螺絲」、帶動馬達運轉的「齒輪」，以及讓各個零件都能彼此滑順運作的「潤滑劑」。三者配合良好，引擎才能順利轉動。而我認為一個好的團隊，也同樣要具備這三種特質的人。

所謂「螺絲型」的人，是忠實的執行者，擁有完善的技術，以及非常穩定的執行能力，身為主管，你可以完全信任這種員工，只要把任務交給他，就能準時且徹底達成。但這種人在思考與個性上可能比較不靈活，不擅長提出各種新奇有趣的點子，「創意發想」是其弱項，對於工作的追求，喜歡固定工作，能照著SOP

準時達成任務。對這類員工來說，理想的工作狀態就是每天做著熟練的事情，然後固定時間上下班，準時回家陪家人，隨著能力與資歷的累積，在公司也能穩定的升遷，「安穩人生」是他最大的幸福。

「齒輪型」的人剛好相反。這類人喜歡新奇事物，每天腦筋都在不斷轉動，希望在現有工作中創造出不一樣的火花，是組織中的創新者。他們追求新挑戰，喜歡接觸新事物，一成不變的日子，不嘗試新事情，就會覺得生活無聊。這類人無法忍受重複的工作，對許多事情較沒耐心，但充滿創意，積極想要挑戰各種不可能，希望不斷有所成長。除了每天的例行事務外，非常希望公司提供各種進修機會，例如參加跨界專案、外部合作。

「潤滑劑型」的人則是組織中的協調者，也是啦啦隊長，有他們在，組織的氣氛就會熱絡，螺絲與齒輪就算個性截然不同，也能彼此串聯，合作愉快。「潤滑劑型」的員工可能不是最厲害的執行者或創意家，卻能遊走於不同部門之間，聽取不同人的想法，成為團隊成員之間溝通想法、凝聚共識的關鍵人物，可以激勵齒輪跑得更快、螺絲拴得更緊。例如，若是團隊遇到挫折，大家都灰心喪氣，甚至彼此生氣時，潤滑劑型的人即會跳出來大聲呼喊 cheer up，激起大家正面看待問題，帶動所有人燃起動力，繼續往前。

領導是把對的人放在對的位置

身為領導人最重要的工作，就是辨識出員工是屬於創新者、執行者還是協調者，然後細心的把不同類型的人，放在對的位置，組成一個團隊。例如，需要創意提案時，就讓齒輪與齒輪搭配一起，他們天馬行空的想法，可以彼此激盪出更棒的火花。但有了想法，也需要螺絲在旁適時幫忙踩煞車，讓創意可以落地。這之間雙方可能會出現意見不合，這時就需要潤滑劑溝通協調，串聯大家的意見，讓所有人都能保持同樣的目標，一起合作打拚。

這就是我的團隊管理「引擎理論」。領導人必須認清每個人的角色，把對的人放在對的位置，給予適合的激勵，團隊才能發揮最大效益，團隊的每個人要同步呼吸，也才能長長久久，達到工作美學的完美平衡。

「引擎理論」是我自己摸索出來的管理方法，每個專家都環環相扣，而且扣得非常緊密。我的幾家餐廳能有今天的成績，必須歸功於各團隊嚴格的紀律管理，每個團隊都非常精準的執行我交付的每項任務，引導我理解一個團隊完美的時刻。

我第一次驚嘆一個完美團隊的誕生，大約是在 Restaurant ANDRÉ 開幕後的第三年。那一天，出到前幾道菜後，我發現餐廳內所有客人，都是曾經來過的回頭客，換句話說，菜單上所有的菜，客人之前都已經吃過了。我心想：「既然如

此，就來做大家沒吃過的菜吧？」我抬起頭，叫住廚房裡正高速運轉、忙著出菜的所有人：「大家等一下，我們現在把這些料理全都換掉。」所有人聽完這句話，沒有驚訝、沒有抱怨，連一句話也沒有多說，立刻動起來。每個人快速反應，立即提出建議，你一句我一句，一套新菜單就在出菜的半途中誕生了。

當時，我徹底感受到我的團隊是多麼強大，只要我有一個想法，福至心靈的忽然想做任何新嘗試，大家就二話不說全力支持，努力把料理變出來。這已經超越我的想像了！

樂在工作，就沒有壓力

我對團隊的要求非常高，但我不會要求他們做我做不到的事，所以我一定會先做到這件事情，其次讓團隊都了解到我們沒有最高標準，只有更高標準。我每天最興奮的時刻就是在廚房時，那是我覺得最有力量的時刻，因為不是只有一個引擎準備啟動，整個團隊、每個工作人員的引擎也準備一起蓄勢待發。

有人問我，會不會感到壓力很大？完全不會。這反而是一種樂趣，客人從進來餐廳到離開，享受了兩個小時的美食，我們也同時享受了兩個小時的工作。當客人感謝我們給他們一個美好的用餐體驗，我們也要謝謝他們讓團隊夥伴度過了美好的工作時光。

在這兩個小時中，廚房裡與餐桌上、內場與外場，兩者融而為一，達到共鳴與共感。絕對不是客人吃很開心，我們卻感覺累得半死，怨聲載道。因為客人的期待就是我們的標準，我們要滿足他們的期待，甚至超出他們的期待，透過料理傳達出我們內心的訊息，讓客人覺得滿足、美味，微笑離開，這就是最棒的回饋。

從「我」到「我們」，成就真正的完美

Restaurant ANDRÉ剛開始時，我的心態曾是「只有我親自做，才能做到一百分」，所有事情都必須由我監督，團隊才能達成我想要的水準和模樣。也就是整間餐廳「我說了算」，大家只是follow我而已。然而，那一天我發現，原來我的團隊比我更強大，而且比我想像的還要強得多。

當天換掉所有菜色這件事，或許我一個人也做得到，但要在出菜過程中當下立刻做到，而且一切都要銜接流暢，讓外場的客人完全察覺不出廚房剛經歷了一場巨變，這就需要整個團隊的協力。如果說「江振誠」可以完成一〇〇％，那天，我看見「江振誠加上他的團隊」完成了一二〇％。也是在那時，我變成「團隊中的一部分」，不再有「團隊跟著我」的想法。

很多主管或老闆，常常都會有「只有我最厲害」、「我才能控制好一切」的迷思，覺得部屬或員工只是「執行指令」的人。有些人甚至會怕員工太強，讓自己顯得不重要，或是取代自己，於是打壓部屬、貶低他們，或是不給員工機會，讓自己永遠是團隊中那個唯一厲害的人，而我從沒有這樣想過。在我們團隊蛻變的過程中，唯一改變的是我自己。從所有事情以我為主，事必躬親，到我成為團隊的一部分，我學會如何要大家一起讓作品更好、標準更高、執行更精準，創造出比我一個人更強的能量。

我信任團隊，也讓每個人有發揮的空間，當所有人都持續成長，最終就能創造出比我自己能做到的更多，從只有我的一百分，變成一百二十分的傑出團隊。所以，我結束 Restaurant ANDRÉ，並不是放棄，而是放手，因為我擁有一個值得信賴的團隊，他們給我強大的力量，促使我可以義無反顧的追求夢想。

創造一個被愛的理由

Chapter 18

經營一家餐廳，不是老闆覺得自己夠好，客人就會愛你。

一家餐廳只有在「被需要」時，客人才有機會愛上你。

如果你無法找到顧客的「需要」，就必須創造出「被需要」的理由。

我不是標準的生意人，也不知道如何做到快速展店。一直有人問我什麼是最成功的餐廳？什麼樣的餐廳才叫成功？每個人對於成功可能有不同的想像，例如，有些人期盼得到米其林星星，有些人想要開非常多的連鎖店，有些人則是希望可以提供獨一無二的料理，或是風格獨具的體驗。對我來說，一家成功的餐廳，追根究柢就是成為「被需要的餐廳」。顧客的需求只有來到你的餐廳才能得到滿足，就可以說是成功了。但台灣的餐廳或企業很少認真思考自己被需要的理由。

夠好是基本，被需要才是關鍵

需不需要的感受很直接，例如星巴克、7-ELEVEN 為什麼成功？它們販售的產品並不特別，價格也不是最便宜，可能別的地方也有更好喝的咖啡或餐點，它們的商業模式也沒有多麼特別，但很多人都需要它們，所以它們很成功。

有人需要快速方便的解決一餐，7-ELEVEN提供了便利的便當、飯糰和咖啡；有人在公司和家之外，需要一個可以暫時停留的舒適空間，星巴克有讓人可以逗留一下午的悠閒空間。星巴克的咖啡不是最好的，但它創造出來的「咖啡時間」很被需要，座位也不一定最舒適，但它提供了旅人好好歇腳的地方。這些，都是客人之所以一再回去消費，甚至離不開的理由。

經常有餐廳老闆向我抱怨客人不識貨，即使每天凌晨三點就到魚市場，挑市場裡最新鮮的魚回到店裡細心烹調，卻沒有客人賞光。我告訴他，你和顧客的關係，不是像男女朋友談情說愛，你對他說一千遍我愛你，為他做許多事，他就非得愛你不可。喜歡不喜歡，愛或不愛，無法強迫，也不能命令，更不是一廂情願。經營一家餐廳，不是老闆覺得自己夠好，客人就會愛你。一家餐廳只有在「被需要」時，客人才有機會愛上你。很多人失敗，都是因為不被需要。品牌黏著度是建立在你與顧客之間的關係，這種關係不是權利與義務，如果你無法找到顧客的

「需要」，那就必須創造出「被需要」的理由。從另一個角度來說，我們也必須先愛自己，找到自己被愛的理由。

換位思考才會發現真正重要的事

那要如何找到被愛的理由？答案很簡單，就是把自己變成顧客，誠實的站在「第三人稱」的位置，本能的理解客人的需求，知道他們心裡想什麼、要什麼？如果你因為學過義大利麵和披薩，就打算開一家義大利餐廳，找個人潮多的熱鬧地點租下店面就開了，這樣往往會失敗收場。你應該站在當地居民的角度來思考，這個區域少了什麼樣的店？是洗衣店、大賣場，還是麵包店。顧客的需求並不是主事者「一廂情願」的投射，而是客觀冷靜的全盤理解，要有觀察力、資訊整合力，並且找到需求的缺口，各項環環相扣，缺一不可。當然，這還需要一些成功的經驗值，精準的切合消費者的需要，生意才會好，其他都是細節問題。

但是顧客的需要也不是死水一灘，無法改變。賈伯斯曾說，有時人們並不一定清楚自己真正想要的，心裡有空缺，卻無法言宣，甚至未必知道自己要什麼，等你設計出產品之後，他們就會驚呼：「啊，就是這個，我一直想要的。」

進到料理層面，多數餐廳廚師，在推出一道新菜時，首先想到的通常是找到好食材，接著再想如何調味和烹煮，最後再思考怎麼擺盤和呈現。這種慣常的做法，在料理上形成所謂的三元論：body → taste → aroma（食材↓調味↓香氣），以人來比喻，就是必須先有「個體」，其次有「個性」，最後是舉手投足之間散發的「氣質」。從料理的角度來看，廚師必然先拿到「食材」，再想著如何料理和「調味」，盡可能展現食材的個性，最後端上桌時，就會從料理散發出「香氣」。

但是，聰明的廚師懂得換位思考：客人接觸料理的第一剎那是什麼？什麼會令他們忍不住拿起刀叉？而整個用餐體驗又會發生哪些細節？若是這樣思考時，順序就會反過來，變成：aroma → taste → body，也就是嗅覺先行。當一道菜端上桌，客人還沒吃到前，他們第一個感受到的是「香氣」，之後注意到擺盤的美感，最後才會拿起刀叉品嘗味道。如果聞起來充滿悅人、誘惑、令人食指大動的味道，那就對了，客人的第一印象就會是「這道料理真好吃」。

由氣味做為導引，引爆之後的一連串用餐體驗，這就是顧客心理學。也就是說，如果嗅覺是美食的引信，身為一個廚師，創作料理時就該先思考它最先聞起來是什麼味道，再思考如何調味，最後才讓食材本體說話。這三層依序遞進，若能找到最好的搭配，成功的機率也會大大增加。

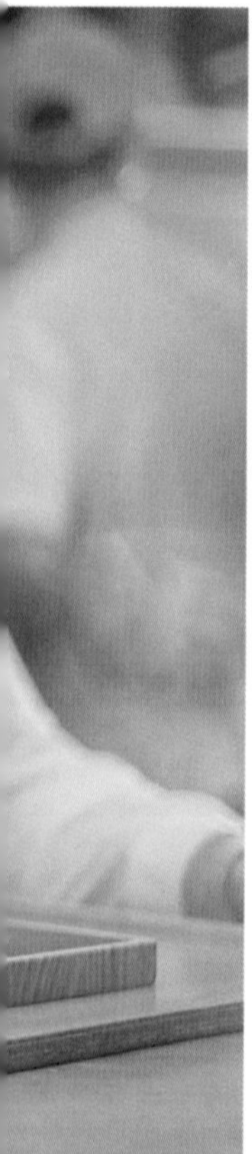

你想成為什麼樣的存在，決定你是誰

創造被愛的理由，除了用餐體驗之外，還包括客人離開餐桌之後，帶著怎樣的記憶回去，有沒有足夠的理由令他們「回味餘韻」？我發現，很少有餐廳老闆想過，他希望客人步出餐廳時所說的第一句話是什麼。就像看完一場電影，從虛幻場景回到現實世界，你回想電影情節究竟是刺激、詭異，還是趣味？同樣的，你希望客人用餐完，會用什麼形容詞來向朋友介紹你的餐廳？從這個關鍵字往回推，你就能思考整個用餐體驗該如何布局，才能讓客人享有你希望的體驗，確定這件事之後，就會改變整套料理的菜色、流程、服務等所有細節。

舉例來說，我希望每個從RAW走出來的客人，都能了解「不多不少」的意涵，以至於RAW的不管一朵花、一道菜、一盞燈、一首歌，都有其存在的原因與意義，每個細節都是為了創造一次獨一無二體驗所準備，沒有任何多餘或華而不實的東西。當這個核心概念確定了，RAW每一個細節的設計就有了依據，統合整個用餐流程的體驗，不會偏離這個主軸。只要從客人的角度思考，充分了解客人的需求，就有機會創造被需要、被愛的理由，建立和客人之間不被取代的關係。

創業概念無法複製貼上

Chapter 19

我從第一家餐廳 Restaurant ANDRÉ 開始，
就堅持一件事：我絕對不複製。我的每一家店，或說每一個 project，
都「只屬於當地」，呈現出那個地方獨有的特色。

品牌精髓

我沒學過行銷，不懂品牌，但三十多年的習藝生涯，讓我了解「每個人都是一個品牌」。在我看來，一般人看起來理所當然的產品設計，背後都暗藏最精密的思考與安排。

我曾給年輕的自己一套訓練菜單，走在名店街上舉目四望，遇到任何吸睛的物件、產品，就試著界定它的「品牌精髓」。精髓是指最核心的精神，但不是鉚釘、搖滾味、蕾絲邊這樣的外在表象，而是雅致的、時髦的、纖細的、極端的、反差的、衝突的設計語言，最後挑出最重要的三、四種元素，在十秒內將它們重疊在一起，找到共通點。對於一位創作者而言，一旦抓到了品牌的精髓，等於掌握了不變的內在核心，之後就可以放手發揮。而每一次的創作都必須回到「原點」審視，確認自己有沒有偏斜、失焦。

十年，成功打造七個品牌

二〇〇八年，我落腳在新加坡，兩年後打造自己的第一間餐廳 Restaurant ANDRÉ，之後又陸續開了七家餐廳。新加坡有三家：澳洲直火炭烤餐廳 Burnt Ends、日式燒烤 Bincho、美式南方煙燻燒烤屋 Meat Smith，以及巴黎的 Porte 12、台北的 RAW、成都的 The Bridge 廊橋和澳門的川菜餐廳川江月。它們全部是概念與風格徹底迥異的餐廳。

打造這七家店，跟之前為感官花園餐廳前往世界各地展店拓點的意義完全不同。感官花園的分店，體現的都是雙胞胎主廚賈克及羅宏．普賽兩兄弟對於南法料理的哲學與世界觀，不管它是在東京或上海都是如此，類似空降性的複製。但是，我所主導的這七家店都是從零開始，白手起家，從當地長出來的。每個地點都是地表上獨一無二的坐標，每家餐廳都是最適合當地的概念，各有不同的合作夥伴和管理細節，不一樣的料理，不同的價位，以及迥異的風格與裝飾，沒有一樣物件重複，每一間都是風格獨具、量身訂做。

餐飲是十分「因地制宜」的行業，每一家成功的餐廳（概念），都需要有成功的人事物，無法換個地方「複製、貼上」。即使是分店，只要是不同區域，建築、客源、環境空間都會不同，沒有一項能夠複製。

既然不能「複製、貼上」，打造每一間餐廳都是一項複雜的考驗，我們團隊總是在尋找更好的解決方案。當餐廳的地點決定之後，有了空間、環境、歷史脈絡，捕捉到了場所精神，我們才開始思考餐廳要長成什麼樣子。也就是先定位「概念」，才開始創作「料理」。這七家餐廳、七個品牌的成立，基本上總合了「廚藝・創意・跨界・挑戰」四項要素，身為策展人，我的任務是讓每家餐廳達成自己最好的狀態，施展出自己的工作美學。這幾個品牌各有自己的獨特精髓，我在此挑選出其中三家來說明。

位於新加坡的 Bincho 是我們的第三個創意概念，店名 Bincho 是日文びんちょう的發音，意思是大家熟悉的備長炭的「備長」。我們意外的在一個老舊社區，發現一家專賣乾麵和魚丸湯的「華美餐室」張貼出租告示，於是把它租下來，計畫開一家日式燒烤。然而，當我們準備動工裝修時，周邊鄰居紛紛跑來好奇的問我們在幹麼。我們表示：「這裡將來會開一家日式燒烤店。」意外的是，居民並不期待，甚至有點失落，因為之前的麵店已經在這裡二十五年了，居民很依賴它，有人忍不住追問：「那麵店該怎麼辦？好可惜，我們家從爸媽、我到小孩，都經常來華美，從小吃到大。」鄰居對新餐廳的反應並不如預期，於是我開始思考，日式燒烤店在這個社區或許不是必要，麵店才是大家情有獨鍾的。所以我想了一個折衷的辦法，將原計畫的日式燒烤店，一分為二，一半空間改成麵店，讓原本賣麵的兩位阿姨留下來，成為我們的員工，繼續在這裡賣乾麵和魚丸湯，讓麵店也從早先的騎樓店，變成空間舒適的店中店。

由於知道居民對華美餐室的情感很深，因此我們將裝潢故意做舊，讓它保有七〇、八〇年代的老式風格，客人進到店裡依舊能感受到小時候和爸媽來吃麵的感覺。若是麵吃不夠，往後走就是新開張、風格迥異的日式燒烤店，主廚是日本人，有十二個座位，燒烤吃完再往後走去，又變成一間狹長的日式酒吧，提供日式威士忌和美味調酒。一進又一進，如入桃花源，料理也層層豐富多采起來。

這家 Bincho 開了之後，社區非常開心，麵店被保留了，原來的阿姨、乾麵和魚丸湯，一樣都不少，既可以吃燒烤，又可以到酒吧品味風靡日本的 highball（威士忌蘇打調酒）。不過之後我們又發現，麵店只開白天，賣早餐和午餐，下午兩三點賣完最後一碗麵就拉下鐵門休息，但是裡面的燒烤店和酒吧還有晚上的生意要做，怎麼辦？我們索性在後面開一個新的大門，結果餐廳從正面看是關起來的，客人必須繞過房子，從後巷酒吧的後門走進來才能吃燒烤和喝酒，讓燒烤店忽然變成隱藏版的餐廳而大受歡迎。這家店完全說明了「概念無法複製貼上」的道理，創意更不是你先設定好，原本就在計畫中的構想，而是遇到新問題時，激發出更好的解決方案，最後達到三贏的局面。

我們位在巴黎的餐廳 Porte 12，原址是一家有一百五十年歷史的高級訂製手工馬甲作坊，有著濃濃的歷史風情。我們遵循它的成立概念，保留原來的樣子和同樣悠久的木門。法文「Porte」的意思即是門，凡是經過這條街的人一定會注意到它，木門上釘著 12，是它的門號。

想像著那時的法國貴婦都會穿上馬甲和蓬蓬裙，而店內的燈飾造型也如同馬甲和蓬蓬裙，讓人回想起作坊以前的時光。廚房很小，餐廳只有六名員工，三位是廚師、二位是服務生、一位是洗碗工，每天只做一種套餐，八十歐元。廚師每天早上買菜，回來做出六道菜的套餐，中午、晚上營業。我們努力用創意讓餐廳變回百年前的工作坊，而馬甲工藝職人便成了料理職人，延續法國工藝的傳統，串起當地的歷史。

至於較新開幕的 The Bridge 廊橋和川江月，則代表我對四川料理的當代演繹。我想要打破大眾對「川菜只有麻與辣」的陳規框架，展示四川料理百味相融、風格多變的嶄新面貌，讓川菜在世界舞台上發光，到達前所未有的境界。

The Bridge 廊橋很有故事，餐廳開在橋上，三百年前四川成都的安順古橋曾被洪水沖垮，重建後成為當地地標。馬可波羅在遊記裡提過兩座橋，其一即是這座安順廊橋。他寫道：「城內川上有一大橋，用石建築，寬八步、長半哩……橋上有房屋不少，商賈工匠列肆執藝其中。」面對這樣具有歷史厚度的古蹟，二〇一七年，我們邀請獲得許多國際大獎肯定的如恩設計研究室，以「漂浮的燈籠」為概念，大刀闊斧重新改裝，在隔年開出了這家 The Bridge 廊橋。當我來到四川，研發川菜料理時，才驚覺過去我在其他地方接觸到的川味，只是一般電視的解析度，糊成一片，來到四川後，那辣味的層次一下子升級到 4K 的解析度，非常立體、清晰，給我許多靈感。當我逐漸掌握川味的二十四種味型之後，才發現古代的川味其實很雅致，不似今日激辣、濃烈的風格，於是我用法式的味覺組合，以「減法」代替過多的無謂的裝飾與雜念，將川菜以雅致且純淨的方式重新演繹，呈現歷史的同時，也嶄露四川料理的新意。

附帶一提，在 The Bridge 廊橋成功走出川菜新風貌之後，二〇一九年我受邀到澳門富麗堂皇的永利皇宮，開設全新的頂極奢華品牌「川江月」，用 fine dining 的手法，從概念、設計、環境、服務，把川菜的每個環節都做到極致，突破刻板印象，在川菜界造成極大轟動，第一年即拿下米其林二星和美國富比士餐廳評鑑的最高榮譽。對我來說，這是一種對夢想和極致的堅持與任性，我從來就不覺得川菜沒辦法高級，更不會畫地自限。我相信，只要夠用心，每一道料理都是大菜。

愈在地愈獨特，愈獨特愈國際

二〇一四年，台灣 RAW 誕生，致力於打造出代表台灣人的料理。開幕之前，不少人內心有個疑問：為什麼不將新加坡 Restaurant ANDRÉ 直接搬過來，開一家 Restaurant ANDRÉ Taipei？甚至什麼都不需要改變，也一定還是會大受歡迎。但事實卻正好相反！今天如果把 Restaurant ANDRÉ 從新加坡連根拔起，橫向移植，種在台北現在的位置，它一定會失敗。因為它只能說是 Chef ANDRÉ 開的一家好餐廳而已，和台灣或台北沒有任何連結性、向心力以及忠誠度，不被當地需要，可以被任何東西取代。但 RAW 卻是台灣長出來的，有它獨特的責任和義務，以及要傳遞的訊息，也就是改變我們對台灣食材和「台灣味」的觀念。

很多人想很快連鎖複製，但對我來說，成功很難複製，尤其是在精緻美食，因為一個成功的模式，它只能在一個特定的空間裡發生，或是一個成功的概念，它只能在一個地方、一個團隊、一個DNA下，才能夠做到最好。我旗下前後共八家餐廳，從第一家新加坡的Restaurant ANDRÉ開始，就堅持一件事：我絕對不複製。我的每一家店，或說每一個計畫，都「只屬於當地」，以當地元素為發想，聘用當地的團隊，面對當地的客人。我要求每一家餐廳，都一定要是當地的原創，生於那個地方、長於那個地方，呈現那個地方獨有的特色。

在地而不複製，才能因應變局

很多人會覺得這種「不複製」的經營模式，成本較高，也缺乏效率。既然已經打造出一家成功餐廳，為何不趕快開分店，複製成功概念？我堅決不做這件事，就算RAW再成功，我也不開分店。在這次疫情下，我更確認我的堅持沒有錯。

當疫情突然降臨，許多餐飲連鎖店，因為管理者無法到當地監督，或是原本食材無法順利取得，出現了品質或服務失準的情況。更有些餐廳高度依賴外地觀光客，旅遊中斷後，營業額瞬間暴跌，尤其是高級餐廳受到疫情的影響非常大。但我在各地的餐廳幾乎沒受到什麼影響，團隊在疫情前後也不需要在菜色、服務和人手上做特別的調整。就算疫情開始時來客有些下滑，後來也很快回穩。例如RAW，原本就是鎖定台灣在地客人，在國旅成為熱潮的疫情後期，甚至比以前更難預訂。因此，在面對大環境波動時，深耕在地反而成為最穩定的力量和不變的王道。

過去我之所以堅持每個月出現在各地的餐廳中，是希望讓每個團隊知道，有任何問題都一定找得到我一起討論。我到現場不是為了監督員工，更像是讓團隊成員安心、給客人驚喜，讓團隊與客人，對餐廳的營運與表現都能更加信賴。疫情期間我無法前往各地，大家反而愈來愈進步，提出更多自己的創意和想法。以前，他們可能多少還有一點依賴心，希望我到當地幫他們做重要決定，但現在，他們反而更主動去發現在地食材，尋找新靈感，甚至遠距追著我說：「主廚，我做了一個新東西，你幫我們看看？」

我的暫時缺席反而讓員工更主動、更有創意，是因為當初我堅持「不複製」餐廳。當每間餐廳都有根基於當地特色的主題與概念，在地的員工也就能獨立思考，去發想「在原本的概念下，可以幫餐廳創作出哪些新內容」。這就是我不複製的原則，從定位、創意到員工，都能基於在地獨立生存，讓每家餐廳變得更能符合在地真正需求，就算大環境變化，也能維持備受當地人喜愛的不變價值。或許這就是概念和經營的永續之道吧！

打破傳統廚房分工模式

Chapter 20

每個人與每件事都精準「落位」，是我對工作美學的追求，
所有的努力只是為了展現協調，讓每個人發揮，
一切都展現完美的樣子，如一盤料理味道的美妙平衡。

傳統法式廚房講求階層，主廚有絕對權威，總給人一種凶暴咆哮的印象。這套管理方式，在某些方面是好的，某些方面卻有負面影響，例如造成很多人視廚房是高壓、殘酷的煉獄。

其實嚴格、凶悍的大廚可以說是法國料理的常態，像高登・拉姆齊（Gordon Ramsay）這樣戲劇性的大廚更不足為奇。主廚發脾氣沒有一定好或壞，在快節奏和高壓的廚房中，要維持談笑風生是不切實際的奢談，狀況一多、出錯頻頻時，我也不一定克制得了脾氣，但我覺得這未必是壞事。因為當一個人會有憤怒、焦慮、緊張，代表他很在乎這件事情，所以任何一位大廚在自己的廚房有種種反應或是情緒表現，很正常，況且愈是傑出的廚師，愈是在乎自己的作品及微小的細節。

一個人也能撐起舞台

我在法國感官花園餐廳工作的第五年，成為這家三星餐廳的主廚，但我沒有法國藍帶學校的基礎，也沒有顯赫的資歷，尤其我是亞洲人，仍讓有些人心生不平。我晉升主廚之際，餐廳依然每天訂位全滿，廚房非常忙碌，同梯的還有其他三位法國人，像是串通好似的故意把節奏拖得很慢，想讓我出糗。身為廚房的領隊，我氣歸氣，仍要把工作做好。

有一天，眼見餐廳又將迎來一場忙碌的硬仗，同樣的惡意杯葛似乎又要重演，於是我當著他們三個人的面說：「今天你們三個人站在那裡，看我一個人表演就好了。」反正他們站著不必動，我也不需要他們，整個晚上就由我一個人來，I show you what I can do。

最後，我不知道用了怎樣冷靜的心和三頭六臂的能耐，整個晚上我自己一個人出完所有的菜，老闆走過來問我：「他們三個人怎麼沒事做啊？」我回答說：「我們廚房似乎不需要這麼多人。」隔天，所有成員都乖乖入列，折服了，成為團隊的一份子。在那樣極端的狀況下，我不得不用霹靂手段樹立領導威信。

打造不咆哮廚房

經歷過這些洗禮，我在新加坡Restaurant ANDRÉ和台北的RAW，反而刻意打造一種截然不同的廚房文化。我們的廚房組織扁平，因為我們找的都是專家，每個人都有自己的發揮之處，所以每個人的角色就像引擎一樣互相咬合銜接，溝通上並不需要以激烈的方式咆哮、謾罵。

例如，當廚房有一道菜出錯了，主廚可以有兩個反應，第一種反應是，大聲責罵：「這是誰做的？連這個都做不好，笨蛋不要再試了！」第二種反應是，主廚知道怎麼樣調整，把負責的同事找來，討論這道菜哪裡出問題？抑或是那位員工只是放錯位置，是管理者沒有把他擺在最適合的位置，所以無法發揮。

再來，每一餐期結束後，全體員工都要參與檢討會議，回顧出餐速度節奏是否需要調整，哪一道料理還可以做得更好，而且讓每一個人都發言。我們並不執著於陳舊的階級思維，即使剛進來最基層的新人，也能跟團隊的核心人物，也就是資深的主廚們一起討論、交換想法，進行跨部門溝通。這種靈活的滾動式調整可能是一般餐廳看不到的。

換位思考，打開不同眼界

有人統計過，Restaurant ANDRÉ 在三小時的晚餐時段，不到十個人的廚房總共出了六百多道菜，一分鐘平均出三．三道菜，憑靠協作已久的默契，我們團隊在快節奏中卻無比協調。因此，很多人很好奇，我怎麼管理廚房工作？怎麼分工？為什麼要如此分工？

一般餐廳大致切分為冷盤前菜、熱菜、甜點，某種程度像是一間廚房裡又往下分割成三個不同的部門，如同三台機器各自運作，涇渭分明。傳統的方式開餐時，冷盤的廚師在拌沙拉或做前菜；熱食組忙出餐時，點心房的人幾乎都沒事做，站在那邊兩個小時，等到客人陸陸續續吃到甜點才開始忙。每個人只限於自己的部分，各做各的。這是一般中西餐長久的做法，沒有人質疑，基本上我的老師也一直都遵循傳統方式，將冷、熱、甜點等工作項目幾乎完全分開。不僅人工成本較高，也缺乏協作同工的彈性，每個人的才華也沒有得到很好的發揮。

大家都覺得理所當然，但我一直覺得奇怪，為什麼不是所有人同時一起動作？對我而言，沒有永遠不能夠動搖的架構。所謂的「標準」是可以被打破和改善的，所以我在自己餐廳內採取了完全不同的分類和分工，每一道菜都有相似的結構，裡面一定有醬汁、調味，且各具不同質地，譬如軟的、凍的、Q的或脆的。由於從前菜、主菜到甜點都有調味，所以調味組從頭到尾都要動起來。每一道菜也都有質地呈現，因而做質地的人也一刻不鬆手。同樣的，每道料理都需要搭配不同醬汁，所以做醬汁的人面對每一道菜，都必須展現他對醬汁搭配的理解。這樣的好處是，首先，人員編制可以更少、更精準、更投入；其次，所有人隨時都在動，不是只有前面動，後面不動，或者後面動，前面不動。好比一支錶每一個齒輪勢必都緊扣無誤，一個啟動，全部都動，沒有一顆例外，否則誤點會愈來愈嚴重，喪失手錶計算時間的功用。

這樣打破常規的做法，剛開始的確花了很長的時間才建立。廚房裡分工協作如此緊密，甜點師傅雖然負責做甜點，但也了解前菜在做什麼，因為他也參與；而做前菜的人也知道後端的甜點，因為他們也以自己的專才參與其中，結果不僅提升自己的專業，未來的發展與眼界自然也不同。

RAW的編制比Restaurant ANDRÉ大上一倍，服務六十位客人，出的菜也是一倍，但在運作邏輯沒有太大不同。而在成都的The Bridge廊橋，要服務兩百五十位客人，廚房編制最為龐大，中餐廳的工作方式又很不一樣，改變他們原本的工作方式花了最多時間。但是習慣了之後，出菜流程變得更有效率。

管理這件事情並沒有什麼魔法，我把每一件事情都當作是做菜，你每天做一道菜，都要想怎麼讓它再更快、更好、更順，慢慢解決問題，找到方法。所有的創意源自「解決問題」，而解決問題的根本，是維持結構和運作的「平衡」。我的管理重心在於給予大家刺激、壓力、期待，理解每個人的優缺點，確認每個人最擅長的能力，並將所有人放在最適當的角色上。每個人與每件事都精準「落位」，展現協調，展現完美的樣子，如一盤料理味道的美妙平衡，便是我對工作美學的追求。

領導不是讓員工聽命行事，而是各自精采

我對於餐廳經營有一個堅持，那就是一定都選用當地人才，因為我希望每間餐廳，都能充分表現出當地獨有的特色，除了食材選用當地，人員當然也來自當地，才能讓客人體驗從料理到服務都一致到位。所以我餐廳的員工，在巴黎就全部是法國人，在台北就全部是台灣人，在成都就全部是四川人。

但這件事到了新加坡就不同。新加坡是一個國際化大城市，當地居民來自全世界，為了呼應這樣的在地元素，當初 Restaurant ANDRÉ 十五個員工有十三個國籍，背景來自世界各地，是最國際化的團隊。這兩種模式的差異，是一個有趣的管理議題。就像一家本地企業，有一天決定走向國際時，很多老闆或主管都會擔心，當員工背景愈複雜，大家有著不同的教育和文化背景，甚至職場習慣也不同時，團隊會不會意見不合，發生摩擦？但我認為，其中的困難點，也正是最大的優點。

有些老闆會希望把背景不同的員工，變得全都一個模樣，最好每個人都變成 mini me，這樣才好溝通、有效率。但我從來沒有想要把每一個人打造成同一個模子。我一直都是依照工作職能來找對的人，而不是把人硬塞到某個位子，扭曲成我想要的形狀。身為老闆，我的任務就是讓專家在適合的位置上，發揮最厲害的才能，做出最好的表演。因為我相信不同的想法和觀點，可以讓彼此看見沒有注意到的盲點，互相提醒下，組織才會變成更好。

領導者如同廚師，要充分演繹食材的特色

當每個人背景不同時，對於一件事物就會有不同的認知，可以讓我有機會更全面的去檢視一件事物各方面的優缺點，我也就能從這些資訊中，做出最好的調整。例如在Restaurant ANDRÉ，同一道料理，同一種烹飪方式，每位員工依據他的出身和生活經驗，都會有不一樣的想法和意見。透過他們，我會發現可能某一道菜對亞洲人來說很棒，但對法國人的味蕾就「很有挑戰性」；另一道菜或許很符合西方人的喜好，但對亞洲人或東南亞地區，則需要時間適應。這些不同意見，都讓我對料理的世界，有更深一層的了解。

當Restaurant ANDRÉ的每一個人皆各自依循成長背景、經驗和知識，在發想與提案菜單時做出各自的觀察、闡釋，大家再統合所有意見，思考怎麼調整，讓每一位來到餐廳的客人都能從中得到好的體驗，最後這道菜就會變成一道「沒有盲點的料理」。也因此，Restaurant ANDRÉ的料理都自成一格，調和了各國特色。放在新加坡這樣一個國際化、多民族的地方，反而成為最具在地特色、符合當地風格的料理。我一直相信，當人與菜結合在一起，才能創造真正完整的體驗。

沒有人教我如何帶團隊，這些非典型的管理技巧其實都是我從料理得到的啟發。如果你把經營一間餐廳，想像成創作一道菜，員工就是料理中每一項食材和調味料，每個人都有自己的角色，厲害的大廚一定是充分混合、截長補短，一旦料理中每個元素都能發揮最恰當的功效，最後的味道就是平衡的、美味的。同樣的，當每個員工都能提出意見，去蕪存菁之後，這個地方的優點也就會發揮到最大。

不只是在帶領團隊時要能兼容並蓄、廣納各種意見，很多時候，會看到有人鼓吹國外的人才比較厲害，比台灣人更國際、更會溝通、更有紀律，或更有野心。這些的確都是他們的優點，但不代表台灣人就比較差，在台灣這塊土地上成長的年輕人也有屬於他們獨特的觀點與想法。這也是走過世界，回到台灣之後，我最想告訴大家的：沒有哪一個國籍的人特別優越，你不需要羨慕別人，不管你是哪一個地方出身，只要每天把自己最好的那一面表現出來，就能成就最好的結果。

成就每一個人

Chapter 21

每一個從我的團隊出去的主廚，都找到屬於自己的 style，
沒有一個人被用填鴨式的模版創作與我一樣的東西，
而是在學習的過程中，經由引導找到強項，淬鍊出屬於自己的元素。

Porte 12 是我在法國巴黎十區的一家創新季節料理餐廳，以前我每個月都會去法國，之後減少到兩個月才去一次。這家餐廳的主廚是法國人 Vincent，一開始我派他運營這家餐廳，七年後，餐廳表現穩定，他也想要安定下來，告訴我想要把餐廳買下來，擁有屬於自己的事業。

聽到員工想要獨立，有些老闆可能會開始提防，覺得員工翅膀硬了，想要單飛，要是對方真的離開，不僅是自己工作上的損失，未來可能還會變成競爭對手。但是，當我得知他想要自己出來當老闆，我反而覺得這是件好事。因為我知道，他是一位傑出的廚師，我不可能，也不應該一直把他綁在我的手下，他的能力已經成熟，有機會可以自己嘗試當老闆。二〇〇〇年一月，我就將巴黎這家餐廳送給了他。對，送給他。而因為正值疫情，所以他決定賣掉原餐廳到北歐發展，重起爐灶，我也完全支持！

品牌不該倚賴個人光環

很多人聽到這件事，都忍不住問我：「把餐廳交給員工負責，你不怕客人以後認他，不認你？這家餐廳還是你的嗎？還算是 André 的餐廳嗎？」我從來不擔心員工能力成長，甚至超越我。因為從一開始，我就堅持「André」和「André 的餐廳」是兩個不同的品牌。

唯一一家以我名字命名的餐廳 Restaurant ANDRÉ 已經走入歷史，其他所有餐廳，都沒有任何一家是用我的名字命名。就算現在我在新加坡有三間餐廳，店內基本上也找不到任何和我有關係的東西，都是獨立的。很多人在經營品牌時，常有一個迷思，那就是一個人必須先經營個人品牌，然後用這個光環庇佑所創的品牌，要成功，就得把「人」和「品牌」綁在一起。這件事在餐飲業更是常見，很多廚師因為料理手藝得到肯定，成名後，不管開餐廳、推出商品，甚至品牌授權，都一定要把自己的名字放上去，用自己的名號做招攬。但我並不認同這樣的想法。一家餐廳能持續獲得客人肯定，一定是它的產品和服務夠好，才讓它成為獲得大家信賴的品牌。而不是先去創造個人品牌，讓大家崇拜，再用個人光環庇佑其他品牌，這麼做往往會讓來客失望，甚至因為創辦人個人的言行，而影響品牌的經營。

所以我堅持，所創的每一間餐廳、每一個品牌，都一定要是獨立的。本身的產品內容、餐飲水準、服務品質，都能好到讓人欣賞、回流、推薦。而不是產品或餐點只有七分，然後透過創辦人個人的光環，幫忙掩蓋不足的部分。最重要的是「成功不必在我」，能夠為團隊的每一位主廚預先準備好未來的規劃，才是永續的傳承。

認識自己，作品才有靈魂

所以對我來說，我是我，餐廳是餐廳，這件事從一開始就是分開的。兩者脫鉤。就像很多人會買 Apple 手機，但買的原因是因為創辦人賈伯斯嗎？有些人可能是，但更多人之所以喜歡 Apple 手機，純粹是因為它好用、方便、穩定，大家之所以崇拜賈伯斯，是因為他不同凡響的創意，這兩件事是分開來的。又例如，有多少人說得出星巴克的老闆是誰？知不知道老闆是誰不重要，大家喜歡的是走進星巴克感受到的氛圍、服務和咖啡，這才是經營品牌的正確觀念。不應該用個人品牌的強勢光環，去包裝、遮掩一個本質可能沒有那麼好的產品或餐廳，而是讓每間餐廳、每樣商品，都具有獨立成為品牌的好品質、好服務，產品就能發光，慕名而來的顧客也就不會失望。

這麼多年來，我一直認為真正的成功是成就身邊的每一個人。其中有個特別的例子，我的學生，屏東 AKAME 的主廚彭天恩。早在七、八年前，他想做原住民料理，但總感覺做的都是別人的料理，沒有自己的靈魂；他想到國外歷練、開眼界，但受限於語言能力，不管是去法國還是日本，都感覺無路可走，前途茫茫。

有一次，我去屏東演講，他趕到現場聆聽，我分享新加坡 Restaurant ANDRÉ 的故事，他像找到一線希望般，知道這和他想追求的一樣。他不敢提問，直到所有人都走光，我收拾包包，也要離開了，他才突然走上前，怯生生的問我：「Chef，我學了很多不同料理，但總感到做的都是別人的料理，沒有自己的靈魂，接下來該怎麼做？是不是有一天能夠在你身邊學習？」我告訴他：「你接下來要做的不是往外看，而是往內看，了解自己是誰。你是原住民，你懂你們的食材、味道，沒有人比得過你，這就是你。」他說自己很想到國外，但不會講英文，想跟我工作。我說：「好，那你來新加坡。」我其實沒有想太多他是不是有潛力？能力好不好？但感覺到他想成功、想學習的渴望。

於是彭天恩先無薪見習三個月，短暫回台沉澱一陣子，想清楚後，再度來新加坡應徵正職，就這樣開啟了他的料理尋根之路。那時，我發現廚房裡有兩個人動作老是慢半拍，一位是聾啞人士Jimmy，另一位就是彭天恩。他聽不懂英文指令，看其他人的動作才跟著做，往往慢別人幾秒鐘，而這在分秒必爭的廚房是大忌。我可以像其他餐廳讓聾啞人士到後場切菜、洗菜，或是用溫情的態度格外照顧他們，但我沒有。你來我的廚房就是要學習，差別待遇反而是一種歧視。在我的廚房裡，每個人都是專家，我一視同仁，沒有階級，每個人都必須投入每個過程。我要求他們讀懂我的唇語，跟別人同時理解指令，跟上其他人的腳步。

彭天恩在新加坡工作將近兩年，他試著記住每道菜的樣子，想辦法學習、克服困難，從沒想過放棄，終於讓自己追趕上來，翻轉命運。後來他回到家鄉屏東霧台，開了AKAME，將原住民傳統料理改頭換面，用自己的方式呈現，大受歡迎，成為一位難求的餐廳。

淬鍊屬於自己的元素

從團隊的每個人身上，我似乎都看到年輕的自己，我以前也是這樣子，想去哪家餐廳工作，就直接敲門，毛遂自薦。當年曾經有主廚問我：「你要多少薪水？」我說：「不要薪水。」什麼時候上班？我說：「明天！」帶著破釜沉舟、一定要成功的勇氣。其實在我餐廳的每一個人，幾乎都是這樣的態度。在Restaurant ANDRÉ，有個韓國的女孩也是毛遂自薦，買了一張單程機票，帶著一卡皮箱，在我們廚房的後門站了一天。我覺得她需要一個表現的機會，所以我給她一個舞台。她如今也在其他米其林餐廳獨當一面，發光發熱。

之前跟我一同前往塞席爾打拚的三個夥伴，後來也都回到自己的家鄉，一個在廈門，一個在上海，一個在安徽，各自成功創業，有了自己的餐廳，依照自己的創意，發展出特色，這是我廚師生涯裡最欣慰的地方。當然包括跟著我最久、長達十三年的主廚陳茳誕（Zor Tan），他現在是新加坡最火的 Born 餐廳主理人。每一個從我的團隊出去的主廚，都找到屬於自己的風格，沒有一個人被用填鴨式的模版創作與我一樣的東西，而是在學習的過程中，經由引導，找到自己的強項，淬鍊出屬於自己的元素。他們都證明了在我的團隊裡歷練的絕不只是技巧，而是如何去理解食物，擁有視野與創新再造的能力，最後將自己最擅長、出色的地方表現出來。

做為教練，我必須賦予他們責任，讓他們盡情的表現自己，創造新事物，並且為自己負責，我再做最後的把關與確認。我用心把員工們訓練起來，傳遞工作美學的精神，不管是未來接手我的餐廳、主持別家餐廳，或是自己出來創業，都是希望他們有朝一日可以獨當一面。這是我對每位員工的期許，甚至，我現在的每一間餐廳都是朝這個方向去發展。

珍視創業精神

Chapter 22

每一個餐廳經營者都必須思考：
當你有很資深的員工和很資淺的員工時，
要怎麼讓大家對這家餐廳擁有共同的哲學和靈魂？

二〇二〇年，因為疫情，我從過去一年超過三百天都在全世界到處飛，變成一年三百天都待在台灣。這幾年，我從沒在旗下任何一家餐廳待過這麼久的時間，當有這麼長的時間陪伴ＲＡＷ，沉浸其中後，我突然有了一個大膽的想法：「我們可不可以重開一次ＲＡＷ？」

這件事也是二〇二〇年我在ＲＡＷ做的重大嘗試：讓資深的人重新去做資淺者的工作，讓老鳥重新變回菜鳥。並不是現在的ＲＡＷ有問題，而是當一家餐廳營運久了，上軌道了，新人不斷加入，很多時候大家會因為習慣於例行工作，而忘了「那件工作是為了達成什麼目的而存在」。ＲＡＷ現在的廚房、外場有各種運行良好的ＳＯＰ，但當我問員工：「這個ＳＯＰ為什麼存在？是希望帶給客人什麼樣的感受？」團隊裡每個人的答案都不一樣。有些人從開幕做到現在，參與過當初籌劃工作，也有些人才來三個月，只被告知「要這樣做」。

我發現，在ＲＡＷ開幕的第一、第二年，大家對於「ＲＡＷ是什麼」的想法差距不大，但到了第六、第七年，不同資歷的人對於ＲＡＷ存在的核心概念理解的差距也就愈來愈大。這不只是ＲＡＷ的問題，我覺得每一個餐廳經營者都必須思考：當你有很資深的員工和很資淺的員工時，要怎麼讓大家對這家餐廳擁有共同的哲學和靈魂？為了讓所有人對於ＲＡＷ的理解都回到同一條線上，所以我決定：重開一家餐廳！

回到原點，才能看清當下的盲點

「好！我們重新來過！」我告訴所有人，為什麼我想要成立ＲＡＷ，它在我心目中，應該要具備什麼樣的定位、特色、元素，然後從再從最小的地方開始，重新帶領大家回到「開幕第一天」我們是怎麼做每一件事情的。

我從雞高湯開始，帶領大家重新回顧怎麼選材、怎麼切分、怎麼熬煮，讓所有早已會煮，也做過無數次雞高湯的廚房員工，重新學習「怎麼煮一鍋ＲＡＷ要的雞高湯」。同樣的，對外場人員，我也一樣一樣的問大家：「這個東西為什麼要擺這裡？」我甚至把全部東西都搬出餐廳，然後再一樣一樣搬回去，問大家：「這東西是否必須？」所有人都發現，原來以為一定要有的，其實很多都可以不要，或是換個擺法會更好。

當我告訴大家什麼是ＲＡＷ的時候，不管是已經來了六年，或者才來了六個月的人，都必須當作核心精神，喚醒與理解ＲＡＷ到底要帶給客人什麼樣的體驗。當我做了這件事之後，也就沒有誰比較資深，懂比較多，誰比較資淺，懂比較少。只要我問：「這件東西要怎麼擺才最符合ＲＡＷ？」不管資歷深淺，大家都可以說出心目中的想法，不再有誰說了才算，因為從那一大起，所有人又站回同一條起跑線上了。這也意味著，二〇二〇年的ＲＡＷ，不再有所謂的一軍、二軍，或是老鳥、菜鳥之別，因為打掉重練後，大家都是RAW 2.0的一期生，重新分配到最適合的位置上。

攻守互換，訓練每個員工成為主將

這挑戰當然很大，我也覺得很刺激，但事後的反應卻是好的。原本一軍的位置裡現在出現了很多二軍，或是原本二軍的位置裡出現了原本的一軍。大家常有個觀念，認為一個人升到了某個位置，就只做那個位置的事，某個人到了某個位置，就永遠在那裡，因為沒有人可以做他的工作內容。過去，我們常會看到主廚就是發號施令，至於切蔥那些基礎工作，主廚通常不會親自動手，覺得那不是他那個位置該做的事，似乎其他員工就只能切蔥、洗菜，不能對菜色有創意發想。藉著這波疫情，在我長時間的陪伴之下，把團隊打散，不只讓RAW的團隊在各種分工運作上更有彈性，也讓新一代的員工有機會更往前一步，每個人都有機會上場，而且能獨挑大梁。

以運動做比喻，在職籃中，上場先發的球員是十個人，另外有二十個人坐在板凳區待命。教練可以針對每一次的戰術，換不同人上場，做出最佳組合，不會先發就永遠是那十個最資深的人，其他人就永遠坐板凳。這就是我在ＲＡＷ所做的「攻守互換」，不僅讓所有人重新回到ＲＡＷ的初心，也讓團隊的氣氛變得更好，透過重開一次ＲＡＷ，打破逐漸僵固的團隊，重新訓練每一個員工，讓大家準備好替補其他人，隨時都有上場的機會。我認為老闆有責任這樣訓練團隊，讓每個員工都知道工作是為了什麼目標，知道自己隨時都要能上場接替別人，才能創造出持續挑戰的團隊。

培養每個員工成為國際將才

我回到台灣的主要目標之一，是打造未來餐飲人才，尤其是高端餐飲人才。要讓台灣的餐飲科系學生有能力往高端的方向走，進而連接世界舞台，其中關鍵，就是要不斷給予年輕人養分，這件事絕對不只是學校的工作，更是台灣餐飲業經營者的共同責任。

所謂的養分，就是讓餐飲科系學生在學校學完基礎技能後，能夠透過工作中的各種挑戰去學習，知道業界，甚至國際上對專業的要求是什麼。在RAW，員工一整年都很忙，因為我會不斷提供各種養分讓他們吸收。首先，RAW每季要換全新的菜單，而且和過去完全不重複，只要做過的，再多好評我們也不留。這等於一年要創作出四套菜單，而每套菜單有十二道菜，代表每一季必須想出幾十道菜來挑選，這可能已經是別人一整年的新菜色發想數量。而且這還不包括聯名限定菜單，例如，之前我們一年內總共推出六套不同的菜單。其次，RAW的核心是當代的「台灣味」，所以在創作菜單之前，更重要的工作是尋找「台灣元素」，到各地發現食材、理解調味、體驗菜餚，找出各種屬於台灣這塊土地的概念和記憶。最後，RAW還有很多國際交流的餐會，不管是疫情之前或之後，我都沒有停下來這件事，不斷尋找各種不同國家的交流機會。例如，我們與祕魯、阿根廷、西班牙、法國、日本等許多國家的名廚合作，每一個合作案開始前，RAW所有員工就要開始品嘗那個國家的菜餚，搜尋資訊，就算語言不通也要想辦法克服，讓自己沉浸在那個文化裡。

四年前，RAW邀請祕魯Central餐廳主廚維吉里歐・馬丁內斯（Virgilio Martínez）一起合作。廚師在祕魯並不是人人稱羨的職業，甚至連廚藝學校都沒有，但我的朋友維吉里歐・馬丁內斯決定以廚師為志，學成後在家鄉創立餐廳，受到國際青睞，成為世界排名第四的頂尖餐廳，卻依然沒辦法得到家鄉人民的理解。我深切感到身為廚師並不單單只是料理食材，而是肩負承先啟後、傳承歷史、開創未來的責任。

因緣際會之下，我們共同合作過一次Central×RAW的餐會。而台灣要找到祕魯餐廳很難，要找到祕魯食材更難。找不到祕魯餐廳，又如何讓團隊試著理解什麼是祕魯味？那就是上網找食譜，想辦法自己做看看。事實上，主廚尚未到台灣，我們員工餐已經吃了一個禮拜的祕魯料理。語言不通，就想辦法找人翻譯，甚至用Google翻譯努力看懂資料；找不到材料，就想辦法看哪裡可以訂、可以買，或在台灣找到類似的東西替代。大家在台灣練習做祕魯料理，想辦法讓自己進入「祕魯人」狀態，就好像已經來到了祕魯一樣。

點燃年輕人的企圖心

一年六套菜單，加上餐會及特殊活動，意味著每兩個月就重新洗牌，所有準備工作和流程全部重來。高強度的工作內容對RAW年輕的同仁來說是很高的挑戰，但也是很好的「養分」。他們不會一直重複做已經熟練的事，變成不需要動腦的料理機器人，也不是只熟悉台灣本地料理，而是身在台灣卻一直都能接觸到全世界，甚至是一些台灣很少或根本沒有的異國料理，去看見以前不知道的世界，並且在有限食材下嘗試複製，思考怎麼把台灣和世界透過料理連結在一起。

這幾年，有很多人批評台灣年輕人企圖心不夠。但我認為，問題不出在年輕人身上，而是每一個行業、每一家公司的經營者，願不願意花心思給予這麼多的養分，有時如果老闆不要求或是提供機會，年輕人根本不知道能夠做出不一樣的事情。給予年輕人成長的養分，不只是學校的工作，也不是年輕人乞求才能得到

的，應該是企業的責任。而且不是偶爾做，而是要能持續做，盡量提供，甚至多到讓年輕人說：「我不需要跳離台灣，才能得到更多養分。」而不是像我當年，因為台灣沒有機會得到我想要的養分，必須前往法國才能學習完整的法國料理。

當台灣餐飲業願意這樣提供年輕人得到養分的機會，台灣未來的餐飲業人才，也就有能力厚植對世界料理的理解，成為有能力接軌世界、前進世界的人才。

視野——創造的眼

輯五

當今的主廚不只要會做菜，
還要懂得利用色彩語言、形象和情感，
賦予餐盤裡的食物新生命，
同時傳遞出獨特的世界觀與時代訊息。

我教的不只是做菜，是格局

Chapter 23

身為一個主廚，應該發展自己的料理哲學，
同時能清楚形諸語言，向外闡述你的洞見與獨到的思考。

身為廚師，我接過許多節目邀約，希望我能開設料理節目、參加廚藝競賽，或是帶大家去逛市場，示範私房料理，在鏡頭前展現美食。但除了公益、推廣或陪伴家人，這類邀約我一概婉拒，「不上節目做菜」是我的原則。

有人問我：「為什麼不拍攝做菜影片？大眾都想看名廚親手做菜啊！」正是因為幾乎所有時下有關廚師的電視節目或影片，都是旅遊、吃美食、做菜、廚藝競技，所以我決定不做這件事。一來，我已經不再需要透過鏡頭向外界證明我的料理能力；二來，我想要打破大眾對廚師長期的刻板印象。料理不只是技術面的打磨而已，身為一個主廚，應該發展自己的料理哲學，同時能清楚形諸語言，向外闡述你的洞見與獨到的思考。

賦予你工作所具備的知識內涵

最早的時候，台灣人刻板印象中的廚師，就是壯碩的中年大叔，在滿是油煙的廚房中工作，衣服沾黏汙漬，甚至有點不修邊幅，讓不少人覺得「成為廚師」並不是一件值得驕傲的事。然而，當愈來愈多衣裝整潔、談吐得宜、思路清晰的廚師在媒體上曝光，大家開始感覺到原來廚師也可以是體面、技術含量高、帶給別人幸福感的工作。大眾印象轉變了，廚師也就成為一種可以憧憬的職業。

但是即使廚師的形象變得美好、風光了，可是樣貌還是集中在「會做料理的技術專家」而已，教大家怎麼挑食材、烹飪，傳授做菜的獨門訣竅。而我認為廚藝不應該只是某種娛樂秀，或是特技表演。這些當然很重要，但是除了料理本身，一個有理想的主廚應該具備更多的知識與內涵，帶領大家透過料理，學習更多人文、社會和創業的能力。當媒體只強調「很會烹飪就是大廚」時，就會造成一種誤解，好像做餐飲的門檻不高，一個人只要把手藝訓練起來，會烤雞、懂煎魚、擅長炒飯，就可以開家餐廳了。但是，經營一家餐廳，除了料理之外，還要具備人事、管理、財務、品牌、行銷等知識，這些能力遠比「會烹飪」複雜許多。尤其當整個社會已經和十幾二十年前不同，消費者對餐飲有更高的標準、更多的需求與想像，也對如何吃得安心、健康、對環境友善，有愈來愈高的期待，為什麼體制內的餐飲教育，還在培育只具備煎煮炒炸這類烹飪專業的廚師呢？

手藝是基本，也須兼備人文與管理素養

當初我從新加坡回台灣，目的之一便是投入更多心力在「教育」。這幾年，就算工作非常忙，我依然堅持每季抽空去不同的大學擔任講座教授、講師，開設「台灣味一百年」課程，教授體制外的內容，從日據時代的「阿舍菜」和「酒家

菜」、國民政府帶來的眷村菜、中國八大菜系、客家料理到近年興盛的原住民飲食文化等等，補足學生對台灣飲食文化起源的知識。

每年我也會安排十五到二十場演講，親自與台灣青年世代對話，希望提升台灣年輕人對料理的想法，不會覺得外國月亮一定比較圓，或是舶來品餐飲就一定比台灣本土小吃更高級，認識台灣餐飲其實有很多值得驕傲的特點，此外，還會聚焦在開店、創業、環保、食安、全球化等更宏大的主題，因為我相信烹飪技巧很重要，但廚師的通識教育更重要，希望影響更多的餐飲界工作者。有一年，我在亞洲大學開了一堂「微型創業」課，學生告訴我，畢業後想要開一間咖啡廳或賣貝果的小店，並興致勃勃的說：「將自己的興趣與工作結合，是很幸福的事。」這當然是個不錯的夢想，然而，當我進一步追問他們：「你們的咖啡廳或貝果店，要用哪一種商業模式？怎麼經營品牌，做出差異化？」但多數學生都沒有任何概念。這件事讓我憂心。為求真實，我請學生從報紙廣告中找出租店面，實地勘

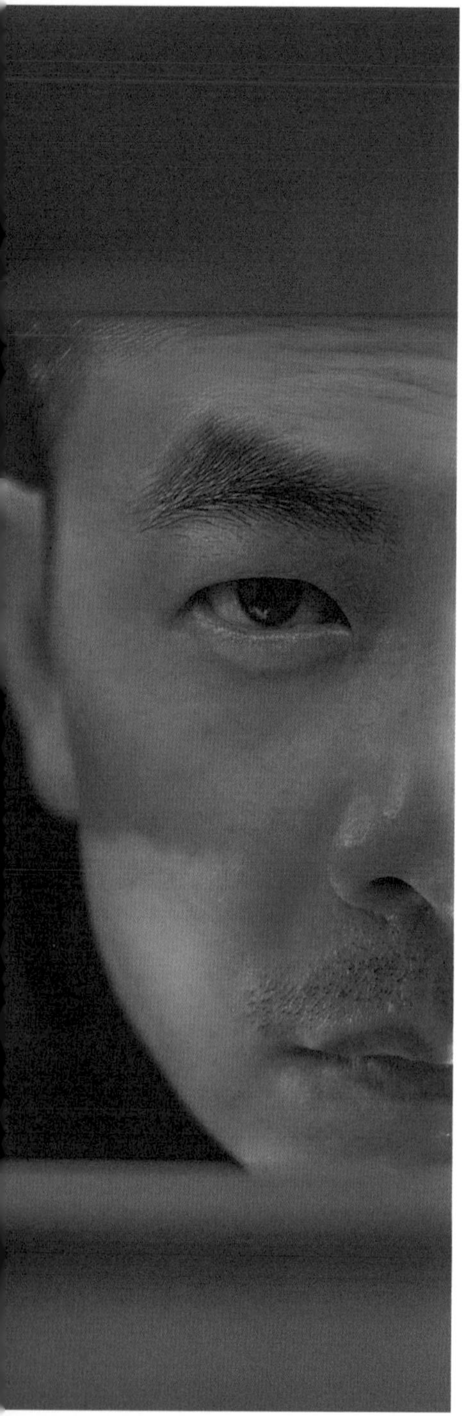

查，了解坪數、租金、人潮等資訊，並規劃裝潢與人力，估算資金與成本，分組提出企劃案。由我扮演投資人，評估哪組企劃案最合理、最容易落實且具競爭力，藉此訓練他們與現實接軌。

這也正是為什麼我在很多場合，談的不是怎麼做料理，而是品牌設定、商業模式、財務計算、美學設計、社會責任等議題，因為這些都是學生未來進入社會後，在「廚藝」之外同樣迫切需要的能力。就算這堂課，讓學生們發現這些太複雜、太繁瑣、太困難，嚇得他們不敢去創業，冷酷戳破他們夢想的泡泡，我覺得都是一件好事，至少不用等到他們真的跌倒、挫折、失敗之後，甚至賠掉許多錢，才學到「原來我還沒準備好開店」。我希望以自己實際經營餐廳的經驗，提點年輕世代未來用得上的知識，這也是我不在節目上表演料理的原因，因為這些都比單純做料理更加重要。

分享專業，創造更多的世界級主廚

我認為這是身為廚師的社會責任，不只在學校，也應該與社會對話，向大眾敞開學習大門。因此，當我結束新加坡事業，返台一週年時，也就是二〇一八年，便在台灣舉辦了「大師工作坊」，如同一場餐飲界的ＥＭＢＡ，總計有近七百五十位來自台灣北中南各地，橫跨餐飲、觀光、科技、醫美、金融、傳產、零售服務等產業。他們多是正在創業，或是已經成功創業，有志要讓自己的品牌更好、向上提升的經理人，所以紛紛不遠千里而來。

在課堂上，我扮演教練的角色，依據過去成功打造七個品牌的經驗，從「品牌定位×戰略思考」、「財務營運×團隊建立」、「創意美學×體驗設計」等六大面向，無私分享所有我知道的餐廳經營概念與做法，從策略、定價到成本計算，統統公開。所有來上課的學員都不可思議的問：「你怎麼可以把這些東西都公開？」我說：「沒有關係啊，這才真實。」因為我離開新加坡，回到台灣後，最重要的目標不是再開出能夠拿到米其林星等的餐廳，而是「教育」。教育當然就是分享，就是傳遞，怎麼能藏私？因為我想提升的不只是一、兩家餐廳，而是整個台灣餐飲產業，或是任何和品牌有關的產業。而且大師工作坊反應熱烈，兩年間辦了好多次活動，學員之間至今仍熱絡串聯合作著。

如果說，開出一間成功的餐廳，就像是完成一個成功的專案，我一個人親自在廚房做菜，最多只能做出一個成功的專案，然而透過管理與領導，我可以帶領團隊的主廚們，做出八個成功的專案，開出八家具有米其林水準的餐廳。但是，透過教育，我可能可以成就七百五十個成功的專案，創造更大的影響力，甚至改變整個餐飲產業。我明白江振誠只有一個，一個人的力量無法改變台灣的餐飲生態，但如果我能培養出七百五十個江振誠，每個人都能回到自己的餐廳推動新觀點和新做法，或許就有機會翻轉整個業界，真正做到讓台灣餐飲業與國際接軌、品牌提升，以及人才晉級。

結束 Restaurant ANDRÉ，並不是放棄一個輝煌舞台，而是登上另一個更大、更重要也更有意義的新舞台。從餐廳做菜到餐飲教育，從改變七百五十個品牌以及每年上千名的學生開始，讓更多台灣年輕人打開創意的雙眼，走向跨界的格局。

跨界是跨你的眼界

Chapter 24

看似跨界的表象，其實只是一種心態的改變。
從盤子內走到盤子外，我始終不覺得自己在跨界，
只是把每一個配件或環節做到最好。

這些年我經常被問到這些問題：你怎麼「突破」目前的困境？你如何跳出框框，跨界思考？你如何拓展國際視野？

從這些問題出發，我回想生涯從cook（廚師）到chef（主廚）、從chef到coach（教練）再到curator（策展人），這一長串生命的蛻變我是如何煉成的。但我倒想反問：「誰是阻礙你成長的人？」答案是自己。

對前面的問題，我的回答如下：

一、你的生活方式就是你的視野，並沒有人阻礙你成長。

二、人生沒有疆界，跨界是跨你的眼界。

三、突破是不斷尋找問題的答案。

生活方式就是你的視野

視野怎麼培養？視野其實就是你的生活方式。ＲＡＷ的員工平均二十四、二十五歲，是極為年輕的團隊。他們上班時，我經常會問：「最近都在關心什麼？」「你的襪子顏色不太對？」「你的頭髮怪怪的？」他們可能覺得我這個老闆管很多，不是等一下就要換制服了嗎？何必多此一舉。但是，我在乎每一個員工的生活方式，甚至比他們本人還要在意。我不認為，也不相信，一個對生活和美感沒有靈敏度的人，能夠做出好的創作。我希望從他們的生活開始改變。

有時，在正式開門服務客人之前，我會跟他們說：「給你一小時先去剪頭髮，整理好自己再開始工作。」來到ＲＡＷ時，你會發現，廚房裡每一位員工都很有自己的型和風格。工作的心情與狀態很重要，美學不是天生就有的，而是後天訓練，除了必須將「欣賞」當成生活習慣，還要擁有美感的靈敏度，以及懂得什麼是美的事物，這些都是ＲＡＷ重視的價值，更是一個人必須具備的工作美學。

語言決定你的觀看視角

「生活方式就是你的視野，沒有任何人阻礙你的成長。」這句話中更深層的意涵是：「你的語言也決定你的觀看視角。」當你學習一個新的語言，就等於打開不同的窗，看到很多原本不能想像的風景，接觸到另一個新世界。

我們常說要有國際觀、要與國際同步，當你想要有國際觀之前，就必須要會國際語言，首先當然就是英文（會第二、第三外語就更好了）。若你不會國際語言，就沒有國際觀，因為你每天看著翻譯書、翻譯文章、翻譯新聞，所有的東西都來自翻譯、二手傳播，你的世界就等於被別人決定。你用中文搜尋「江振誠」，會得到某類資料，用英文搜尋「André Chiang」，又會得到截然不同故事。臉書不是你的世界，中文也不是，用不同語言、不同的媒介，可以找到完全不同的故事。常常很多年輕人問我：「我是不是一定要出國，才能看到不同的東西、學到不同的知識？」我認為只要一個人的心夠強大，語言能力夠好，不管你住在巴黎或台北，心靈都可以乘著語言的翅膀，擺脫地域限制，自由翱翔天際，因此，並沒有任何地方會真正阻礙你的視野。

擁抱世界的改變

常常很多人覺得，當一個廚師是不是只要把菜做好就可以了。如何跨界讓自己看得更廣？對我來說，其實並沒有跨界這回事。當你想到料理時，是只有看到盤子裡的那塊肉，還是連盤子以外的桌子、燈光，甚至整個餐廳都一起看進去？餐廳裡的背景音樂是不是用餐的一部分？當然是。客人走進一個空間聞到的味道，是不是用餐體驗的一部分？當然是。當客人在拍照時，桌上整體的擺設是不是用餐的一部分？當然是！這整個其實是同一件事情。

RAW剛開幕時，很多世界著名的主廚問我一個問題：「André，你怎麼看待現在很多客人上餐之後都讓手機先吃？先用手機拍個半天，放到菜都冷了才吃。」那道菜已經錯過了最好的用餐時機，喪失了最佳的狀態，有時連冰淇淋都化掉了，菜都變形、變醜了。很多廚師認為這種樣態怎麼能夠分享？也難怪媒體曾大篇幅報導，有幾位大廚聯合宣布在他們的餐廳不准拍照，在菜單上也加註「禁止拍照」的警語。

此外，很多廚師在料理中安排了很多創意，前一位客人透過社群媒體分享出去，下一位客人來了，廚師想給他驚喜，但是客人卻說：「你接下來要倒湯對不對？」

「之後要點火是吧？」「那個等下會冒泡對不對？」他們已經都先看過了。主廚覺得自己想破頭，辛苦設計的創意居然被好事者「破哏了」，就像一部好電影重大情節被人「暴雷」，必定覺得很悶、很氣惱。

法國南部米其林三星餐廳 L'Auberge du vieux puits 的大廚谷強（Gilles Goujon）就認為，食物上桌後，顧客不先動口，卻忙著動手的行為很不禮貌，照片放上社交網站只是讓創作失去驚喜，更可能被別人模仿。很多人好奇我怎麼看待這樣的事。其實，RAW用了一種很不一樣的方式來面對。當初餐廳設計時，我買了專業畫廊專用的頂級投射燈。我的一位好友是燈光設計師，有一次他來用餐時，盯著牆面的燈具好一會兒，然後問我：「你那個燈是不是頂級的 ModuleX 投射燈？」我點頭說是，他又問：「有幾支？」我回答：「六十支。」他有點咋舌，睜大眼睛看著我，好奇我為什麼願意花這個錢？因為這種燈價格不菲，如果不是專業燈光師，根本不會特別注意。

我的想法是，客人拍照上傳是無法避免的潮流，與其嚴格禁止，不如用最好的燈光，打在最美的盤子上。就像劇場，亮出舞台、安排好燈光、搭建美麗的背景，我讓客人方便迅速拍好照片，可以好好吃飯，同時又盡可能呈現食物完美的狀態，而不會為了光線，把食物挪到窗邊、門口或戶外，煞費一番功夫之後，才滿足了客人拍照的衝動。

創意或突破絕對不是天馬行空或神來一筆，更不是天生就有這個能力，而是你不斷在思考一個問題的答案。為什麼腳踏車變摩托車，摩托車變汽車，汽車變飛機？這些創意哪裡來？創意不是抽象的名詞，而是一個解決問題的更好方案。

有的人創作出好的作品，便一直想重複這個成功的模式，逐漸在舒適圈裡忘了進步，最終讓成功變質為一種停滯不前的美麗陷阱。但是，要跳出舒適圈，嘗試其他新的可能，就要有接受失敗的準備。因為創作本身帶有變數，一旦你決定創新，就像把自己放在危險的邊緣，但這也是創作最刺激、最好玩的地方。享受腎上腺素的激發，經歷不確定性帶來的亢奮，至於結果別人會喜歡或不喜歡，就需要不怕挫敗、接受被嘲笑的勇氣。然而一旦你成功找到更好的解方，也就建立了更強大的自己。

沒有跨界，都是同一件事

我雖然有很多興趣，除了料理之外，也會雕塑、捏陶等等，很多人說我「跨界」，但我覺得我並沒有跨什麼界。所有這些看似跨界的表象，其實只是一種心態的改變。沒有人阻礙你，只有你自己阻礙自己。跨界的意思是好像把自己畫在一個框框裡，然後說：「我現在要跨界。」不是這樣的，其實你只是自我設限而已。人生本來就沒有界限，每件事情都只是同一件事。好比，當今天一個客人走進ＲＡＷ，首先看到流雲般的雕塑，被它流暢的線條吸引，然後聽到很對味的音樂，送到面前的料理帶來驚喜，服務生的介紹也完全扣住他的求知欲，從食物、氣氛、音樂、空間，對客人來說，從開始訂位、踏入餐廳到最後飽足而歸，所有一切都是一個整體。一個人不可能現在吃，之後看，再來感受，所有的事都是一個體驗，五感同時交互影響。

因此，對我而言，從盤子到盤子上的料理，再到盤子外，整體環境營造和服務的內容不是五件事情。我沒有跨界，我是以一個客人的角度，創作這一切。所以從盤子內走到盤子外，我始終不覺得自己在跨界，只是把每一個配件或環節做到最好。從 cook 到 chef，從 chef 到 coach 再到 curator，這一長串生命的蛻變，只因為所站的角度不同了，但我從未離開。

創意是破框的組合力

Chapter 25

所謂的創意，是把看似無關的各種素材，
努力找出隱藏的關聯性或相似點，一旦串聯起來，
會發現這些原本大家根本不會放在一起的東西，竟然可以巧妙搭配。
其中的巧思與妙處，也就成了讓人驚豔的創意。

廚師只要會做菜，就能開餐廳的時代過去了。當今的主廚不只要會做菜，還要懂得利用色彩語言、形象和情感，賦予餐盤裡的食物新生命，同時傳遞出獨特的世界觀與時代訊息。而創意也非無中生有，要用對方法提煉。對我來說，好的創意有三種元素：核心（core）、相關性（relevance）、連結度（connectability）。這些觀點主要形成於我在新加坡 Restaurant ANDRÉ 的經驗。

一、核心

創作者必須具備掌握資訊的能力，要抓住一件事的核心，至少牽涉三種面向：What、Why、How。對法國人來說，主餐之外一定有葡萄酒配起司的環節，而起司基本上它是發酵的奶塊，法國人形容氣味臭時會說：「聞起來像起司。」可知其味道之「獨特」。但這是法國百年間養成的飲食習慣。我在新加坡時，發現有些亞洲人無法享受味道濃郁的起司，必須勉強自己，甚至完全不吃。Restaurant ANDRÉ 做為一家法式料理餐廳，竟有一道食物被客人捨棄，我覺得很失衡。或許對所有法式餐廳來說一點都不需要改變，非常的理所當然，但如果餐廳的最終核心宗旨，是要讓客人享受每一分鐘的極致用餐體驗，這就會讓我們提供這道菜的理由變得薄弱。

所以，我第一個要問的核心問題是：起司是什麼？它有什麼歷史？為什麼我們要吃它？何以有人可以全心享用它，有些人則完全無法接納它？想了這些問題之後，我重新思考如何能創造出自己的起司？於是我們自己製作出 camembert dessert，以此取代真正的法國起司。Camembert 其實是一種軟的法國白黴圓餅形起司，以法國諾曼第一個村莊卡芒貝爾（Camembert）命名。而我們的這道點心，僅僅只有外表看起來像起司，味道完全不是，特別給那些無法享受法國起司的客人享用，一方面我們尊重法國餐廳既有的傳統程序，同時又讓所有人都有美好的用餐體驗。所謂的創意，就是像這樣，敏銳的發現問題，掌握核心之後，重新加以變奏。

二、相關性

有時一個很了不起的創意或是很酷的發想，不知緣由，看似從天而來，但我們可以釐清下面三件事：我們為什麼創作它？它成立的意義何在？如何在對的時機點呈現它？它對聽眾／受眾／客戶有什麼關聯性？創作者知道所要表達的命題，所想要傳遞出的信息有沒有正確被接收，或接受者該用什麼標準來評價一道菜？好比盛行在地中海或西班牙的炭烤魷魚，是一道非常簡單的料理，做法是將魷魚炭烤後，沾上以煙燻紅椒為基底的橄欖油，兩者配著吃，相得益彰。西班牙紅椒是一種生長在西班牙北部的植物，長約七、八公分，長得像尖尖的紅色鳥嘴，雖然是一種辣椒，但沒有辣味，只有甜味，通常是將裡面塞肉、海鮮或起司，做成西班牙小菜，或是去籽烤過後，裝進罐頭出售。

不管是魷魚、紅椒、木炭，都是再尋常不過的材料，但如果我們餐廳要做炭烤魷魚這道家常料理，複製大家習慣的味道，就毫無意義。它之所以受歡迎，就是炭火將魷魚切片烤得焦脆的邊邊角角，令人難以抗拒。前面提過炭烤產生的梅納反應對人類具有一種無法抗拒的吸引力。掌握這項關聯，我想到何不反過來，直接吃「烤炭」，將讓人停不下來的梅納反應發揮到最大？當然不是真的木炭，而是以神似木炭的「炸木炭麵團」呈現。

於是，我將西班牙紅椒打成泥，加上魷魚丁，一起拌成沾醬，然後沾著「木炭」吃，既保有原始的魷魚元素，又重組成一道完全不同的料理。若只從外觀來看，炸木炭麵團在視

炸木炭麵團

覺和心理認定上就是木炭，這是精心設計過的插曲。每個創作都有它的個性，當我們的視野不再侷限一道菜，而是十道菜時，兩個半小時的用餐時間，幾乎比一場電影還要長，客人往往吃到一半，會感到有點飽了、累了、分心了，所以我們必須在中段做一點不一樣的、好玩有趣的菜。

首先，可以改變用餐節奏，不讓每一道菜都是叉子、刀子。其次，突乎其來，我們「啪」的一記，端出一窩還冒著煙的木炭（其實是加了炭粉的黑色炸麵團）。炸麵團看起來像真的木炭，而且混在幾根真正的木炭堆裡，刻意迷惑他們。客人不僅要用眼睛、耳朵、鼻子分辨，還要用手抓來吃，讓他們感到興奮。最後入口卻是美味、酥脆的食物，造成一種「所見非所食」的心理反差。好像一部電影，你必須設計很多不同角色的場景，所以我們從上菜開始，就要讓客人感到興趣，之後每七分鐘一次轉折，變換菜色、質地、顏色等等，勾起他們的好奇心，讓每道菜有它獨特的角色扮演，沒有一種配菜是跑龍套的臨演，每一道菜都有它的光芒，它的角色定位。

我也曾經做過完全不同的咖椰吐司。過去我們總會遇到這樣的狀況：客人吃得很晚，依依不捨，直到十一點或十二點才離開。所以在最後，我們通常會提供咖椰吐司這道小點心，把白吐司烤到焦黃，抹上咖椰醬，再夾上一片冰涼鹹奶油，配上咖啡，帶著謝幕前的一抹溫柔，意思是告訴客人可以結帳、再會了。咖椰醬是東南亞常見的甜點材料，將形狀細長、帶著撲鼻香氣像劍蘭的「斑蘭」，加水打成汁液，過濾後放入鍋中，以小火隔水加熱煮沸，加上椰漿、鴨蛋（或雞蛋）、砂糖和牛油等材料，撈勻做成美味的抹醬，常用來塗麵包或製作蛋糕。但是，我不想跟別的地方一樣，希望融入我的法國背景，於是把白吐司做成馬卡龍造型，但做法跟咖椰吐司完全一樣。當客人睜眼吃時，會以為是馬卡龍，如果閉上眼睛吃，就會變成咖椰吐司。像這樣由咖椰吐司轉化出的咖椰馬卡龍，就能讓人吃完甜點，帶著微笑回家。

所謂的創意，是在累積了各式各樣，甚至不同領域的經驗和知識之後，針對某個主題，把看似無關的各種素材，努力找出隱藏的關聯性或相似點，一旦串聯起來，你會發現這些原本大家想都沒想到，根本不會放在一起的東西，竟然可以成功連結、巧妙搭配，而且言之成理。這其中的巧思與妙處，也就成了讓人驚豔的創意。

三、連結度

客人之所以選在餐廳吃飯，首先是想滿足情感需求，其次是功能上成就了某個場景的設定。以我習慣的英文方程式來說：

Creativity = Emotional Solution + Functional Solution

「What is the agenda/occasion?」也就是客人來用餐的目的為何。我們餐廳所提供的一切，必須對每位顧客是重要的，他必須產生共感。為什麼客人今天此時此刻來到這裡？餐廳提出的主題可不可以指涉到他們自己的故事？我們要以敏銳的專業，先揣測他們的目的是什麼。

依照我的經驗，很多人不一定為了你的美食而上門，可能是為了餐廳的氣氛，或為了生日結婚等某個紀念日、家庭聚會、好友談天，或是打卡、單純來看一場熱鬧的美食秀……，所以要清楚辨識他們的目的。當只有先了解、洞察且完成客人來餐廳的最終目的，其他所有你為客人做的才有意義，而不是一廂情願的給予和表現。

「Why Restaurant ANDRÉ?」也就是客人為何選擇我們的餐廳。一旦知道客人的目的，也相信我們可以履行他們的目的，那我們就要思考如何設定出符合他們目的的場景，滿足他們的情感需求。

「How can I create a unique moment?」也就是我們要如何創造一種獨特的經驗，讓這個旅程可以順利圓滿。曾經有一對情侶來用餐，我們刻意端上一道甜點，卻只提供一支湯匙，結果他們坐得很近，你餵我一口，我餵你一口，感情立刻升溫。有客人看了很羨慕的問：「為什麼我們沒有這樣？」

美味之外，還要傳遞訊息

人的大腦渴望意義、依賴結構、喜愛發問，想要追查某件事傳遞的訊息。我常說：「我相信人與食物之間有感情的連結，食物應該被分享，但所分享的不只是食物本身，還有創作者背後的想法。」美味很重要，但還不夠，一道成功的料理還要能像瓶中信，歷經複雜的資訊海洋之後，仍能成功傳遞主廚獨特的訊息。

當然，一道料理的美味與否仍是基本面，沒有美味其餘都是空談。然而，人類是極度依賴意義來理解的生物，因此每種創作，除了美味以外，還需要提供不同的資訊，否則客人會茫然不知所措。只是每個走進餐廳的客人，早已有各自的先備經驗，廚師做的料理不見得每位客人都喜歡。如果主廚永遠在猜測客人的經驗值與喜好，那將永遠失準。沒有一位主廚能夠全盤掌握客人對料理認識的程度和品味高低，以及是第一次來嘗鮮，還是每個月都來？當主廚沒有提出標準，或什麼都不說時，客人面對一道菜，很自然的會用自己過去經驗值來判定這道菜「對或不對」、「好或不好」，因而很容易人言言殊、無所適從。

聰明的創作者要以精準的邏輯，透過框架的設定，釋放給客人一套訊息，引導他暫時忘記過去的經驗值或評價，敞開心胸，摒棄成見，像欣賞一件藝術品般，進入創作者的世界。而客人也依據這些線索，在眼前這道料理中真實的體驗到，那這道料理就成立了，也就「對了」！

好比同樣一道菜，主廚指向的是「鹽」這項元素，客人就會在裡面找鹽。這個鹽是指醬油的鹽、海鹽的鹽，還是喜馬拉雅山玫瑰岩鹽的鹽？即使因此而偏鹹，客人都覺得是對的，因為這道料理的概念，不就是強調它的鹽嗎？

同樣一道菜，創作者強調了質，客人就會在裡面找脆的、軟的、韌的、Q的質感，這時候鹽就不是那麼重要。如果你在這道菜裡找到某一項設定好的質，客人也如實嘗到、體驗到了，那麼這道菜也就成立了。例如，炸木炭麵團除了好吃以外，還傳遞出「梅納反應是人體無法抗拒的本能」訊息。如同看電影，觀眾坐在黑暗的空間裡，也是從導演的視角觀看影像，不管這個故事多美麗、多悲傷、多奇情荒誕，觀眾接受導演的美學、命題與世界觀的設定，也依據同一個標準來檢驗情節轉折的合理性、有沒有說服力，或是獲得感動？導演意圖的明確與否、成立與否，以及訊息的強弱，關乎這件作品有沒有深度，如果創作者自己不知所云，那受眾也必然感到莫名其妙。

同樣的，如果客人站在主廚的視角，理解訊息的傳達，且同步感到滿足、對味，就等於為料理敷上另一種光芒，散發出更多餘韻。一道料理若能跟客人產生連結，才能真正打動人心。這也就是為什麼情歌總是動聽，因為它觸及每個人內心的愛情故事，又或是「不是歌變好聽了，而是因為我們都有了自己的故事。」成功的創意讓人在料理中收到主廚給的訊息，同時發現了自己的故事。藉由食物、概念、人群，與客人連結，創造出難忘時刻。

好廚師手裡食材無貴賤

Chapter 26

原本要丟棄的東西，變成可以上桌的珍饈，
就看廚師懂不懂得料理出它的真滋味。
我一直主張盤子上的每一種食材都有同等的價值，沒有貴賤之分。

我常常覺得，沒有不好吃的食材，只有不好吃的料理。苦瓜不是難吃的食材，但是可以變成一道不好吃的料理。食材本身沒有問題，只會因為「料理」而改變人的偏好。現今，國際飲食潮流中有一個重大的理念——trash to treasure，也就是將過去視為沒有價值的食材，重新找回最佳的料理方法，賦予它新的風貌，扭轉過去被棄置的命運，重新回到餐桌上。

沒有真正的垃圾

過去在各種宴會上，長輩們最常問：「有沒有好料？」這個料多半指那些傳統大菜，將所有不必要的雜碎統統削除，只留下精華的部位。「Trash to treasure」的理念正好與此逆反，盡可能提煉其價值，就看廚師懂不懂得料理出它的真滋味。

我曾經在台南吃過全牛料理，店家的菜單上，除了各種牛腩、牛腱、牛雜、牛肚、牛舌、牛筋等常見食材，其他如牛膝、腮幫肉、骨邊肉、牛心、牛腰，甚至牛鞭、牛肝、骨髓，每個部位都能料理入菜。雖然我沒有全部都吃過一遍，但那牛尾的滋味至今令我難忘。

我一直主張，盤子上的每一種食材都有同等的價值，沒有貴賤之分。這個觀點，卻不容易被大家接受。長久以來受到各種資訊的影響，我們早就習慣性的為各種食材建構出如金字塔般的高低層級。例如，大家都很常吃的鮪魚和鮭魚，營養價值差異不大，價錢卻兩樣情。一般認知黑鮪魚的價值高於鮭魚，主要是因為鮪魚愈來愈稀少，愈來愈難捕捉，而鮭魚已經發展出大量養殖技術。這種認知不全然是對的，甚至是倒果為因。

如今被視為高檔美食的鮪魚，尤其是黑鮪魚，它的腹部因為蓄積綿密的脂肪，被日本人視為最昂貴的生魚片，專以「トロ」（魚腹）名之。事實上，在二次大戰前，日本因為缺乏急速冷凍技術，鮪魚並不受到青睞，因為高脂魚肉容易快速腐敗，劣化為散發噁心臭味的魚，甚至被譏笑為「猫跨ぎ」（ねこまたぎ），也就是連貓都一腳跨過，逃之夭夭。這使得漁商將鮪魚一買入手，馬上將魚腹切除丟棄，以免影響整條魚的轉售價錢。直到七〇年代急速冷凍技術普遍後，貿易商才用「海洋裡的牛肉」包裝鮪魚，極力塑造鮪魚的營養價值等同於牛肉，藉由廣告宣傳深植人心後，吃鮪魚才逐漸成為風潮。而高脂的魚腹，也因冷凍技術提升才成為人人口中的極品珍饈。但也因為需求大過於供給，過度捕撈，讓鮪魚日漸希少，反過來推升價格。因此，從一開始，這就是一種消費心理學的操控。

換句話說，不管哪一種魚肉，本身並沒有貴賤。RAW曾以雞冠、鴨舌，甚至豬尾入菜，早年台灣物資不充裕，不得不吃雞冠，如今堂堂進入星級料理的殿堂，並不會因為它是雞冠就不值錢。有人覺得黑鮪魚、松露因為很難得，鵝鴨肝和魚子醬必須經過特殊養殖法才能收獲，昂貴有其道理。但如果「物稀必為貴」的邏輯成立的話，一隻雞只有一個雞心，是不是應該更稀有、更珍貴？提這個比喻，只是希望打破大家對貴賤既定的認定框架而已。

貴賤，是一種人心操控

記得大概二十多歲時，我和友人曾造訪法國著名的香檳區，參觀法國最好的香檳酒莊。一路上我滿心期待，侍酒師從冰筒裡拿出冰鎮過「透心涼」的香檳，倒進酒杯，人手一杯，大夥搖搖杯子，仔細品聞香氣，欣賞氣泡緩慢而優雅的冒上來，然後輕輕啜飲一口。但這個美妙畫面，被酒莊的主人打碎了，他說：「你們都是專業人士，但我現在要做一件非常不專業的事。」說完他從地上拿起一瓶香檳，既沒有冰鎮過，也沒有細密氣泡，只是一瓶「赤裸裸」的香檳。

常理告訴我們怎麼可能！香檳就是一定要冰，一定要有漂亮的氣泡。香檳杯刻意做那麼修長，不就是要展示那氣泡嗎？否則就會像隔夜、無氣、常溫下的可樂那樣噁心。但是他泰然自若，對自己的香檳很有信心的表示：「我們是全法國，也是全世界最好的香檳。」他舉起眼前的酒杯，凝視裡面淡金色的液體說：「我告訴你，一瓶真正好的香檳，如果沒有了氣泡，沒有了溫度，是不是應該還原成一杯好喝的白酒，應該是吧？」我們半信半疑，喝下一口沒冰、沒泡的香檳，驚訝的是，果真好喝！沒有氣泡、溫度的幫襯，依舊展現優異的本色。

他反問：「你們覺得冰鎮、冒泡這條規則是怎麼來的？」因為品質不夠好的香檳只能搖著玻璃杯的泡泡，冰冰的喝，香氣還沒有出來，就不會顯露破綻。但是一旦沒有冰鎮、冒泡，它就原形畢露了。

這就是一種心理操控，所有的人都被教育「香檳一定要冰、要有氣泡」，強固到所有人都不敢動搖，深信冰鎮、冒泡才是「正統」的喝法。但若單純思考，一瓶好的香檳，沒有冰鎮形成的奇妙溫度，是不是好的白酒？沒錯，它們原來都是一樣的東西。這個經驗立即突破盲點，有如當頭棒喝，至今我仍感到震撼。

這跟盲測的情況或許一樣。當我們沒有漂亮的盤子、精緻的擺盤，或是把眼睛蒙起來吃一道菜，會剩下什麼？就只剩單純的感受，濾掉雜訊，專注於眼前料理的一切。其實我在很多料理設計上，一再試著打破人們一直以來被操控的觀念：這個東西不能這樣搭，不能那樣吃。但為什麼？因為沒有人去思考為什麼，沒有人懷疑過為什麼。就如同沒有人問過，為什麼香檳不能喝溫的？為什麼香檳可以沒有氣泡？但我始終在挑戰人們對食材貴賤的操縱劃分。

發揮食材最大的價值

如果廚師心中放下貴賤的成見，他的視野將會有多寬廣！RAW曾經研究黃豆料理，黃豆對台灣人的生活，是再平常不過的，我們每天吃它，除了豆漿、豆腐之外，能不能把這個食材發揮到一〇〇%，甚至一二〇%，找到其他的可能？

於是，我們的點心主廚Angel對黃豆進行一連串的研發，創作出名為「黃豆的一生」的作品。她從原豆、豆醬、豆腐、豆渣到豆皮，將所有黃豆相關的產品融入到作品裡。設定好這個主題後，其餘由她自由想像，包括她覺得黃豆是鹹的或是甜的？黃豆對台灣日常生活產生哪些重要影響？這些她都必須自己去尋找答案，再從想像裡給我一個畫面，有時我覺得可能這個畫面可以更好，有時她提出的比我想像的還要更好。

這道「黃豆的一生」研發了一、兩個星期，這一塊造型簡單明瞭的糕點，完全是豆腐模子壓出來，外觀上任誰都會覺得是一塊白豆腐，但看似平凡的東西，入口卻是不折不扣完美的提拉米蘇，眼睛和嘴巴的不協調，產生一種衝突的新鮮感，而且當中完全沒有用到任何乳製品。研發過程的困難點在於「口感」。我們試了很多方法來開發各種可能，太Q、太軟、太硬都不行，經過所有人參與試吃品鑑，不斷尋找答案，最後挑出的最理想的口感。

她還做了一道名為「春祈秋報」的點心，意指春天祈求，秋天回報。因為春天會吃紅龜粿，而紅龜粿有著台灣傳統的印記，我將它加入RAW的料理中，做為春天最後的結尾。這道點心運用了法國料理做太妃糖的手法製作紅龜粿，也是利用視覺跟味覺的衝突，創造預期外的驚喜。

RAW一整年供應的一百多道菜，都是這樣研究出來的，我們從上到下都是台灣團隊，用的全是台灣食材，做出國際水準的美食，甚至超過國際標準。我希望給平淡無奇的台灣食材一個全新定義，賦予它新生命，讓食材發揮一〇〇%，甚至一二〇%的價值。所有努力的目的之一，就是證明：「沒有不好吃的食材，只有不好吃的料理。」

提煉並演繹在地食材的豐美

Chapter 27

廚師手藝的高下來自他為食材賦予的價值、
傳遞的訊息以及帶給客人的體驗與滿足，
嘗試以各種手法，將台灣的歷史、風土、記憶灌注於料理之中，
呈現出此時此刻最道地的台灣味。

對於進口食材的迷思

早年，很多人都有著刻板印象，認為外國的食材比較難得、昂貴，對於「高級」、「大菜」的印象，停留在舶來品，牛肉就要日本和牛，豬肉就要伊比利豬，油就要義大利橄欖油。總之，外國的進口貨一定比台灣的好，有錢就趕著買舶來品、吃進口食材，才能彰顯自己的品味。而那些日常常見或是巷口菜市場就可以買到的本地食材，就顯得廉價。

在大家都崇尚日式、法式、義式等西式料理，認為高級料理等於鵝肝、牛排、魚子醬這些高級舶來品時，九年前ＲＡＷ在開幕之初，就明確的將餐廳主軸設定為「台灣味」，亦即標榜使用台灣在地食材。我不敢說一〇〇％，至少九八％以上都是使用台灣本地食材。但這個決定卻在一開始讓很多客人不解、驚訝，甚至發怒。還記得開幕第一個禮拜，有個客人吃到一半，發現並沒有所謂的「高級食材」，非常詫異的向服務生反應：「我花了三千多元，你拿這種逛菜市場也買得到的東西上桌？這哪裡像法國料理？」他或許認為，從競爭激烈的新加坡拿到米其林二星實力的我，選在台灣開餐廳，「應該」會提供厲害的外國食材給客人。可是我們用的全是他所熟悉的食材，依賴「外來食材」的迷思難免和他的期待有落差，於是心生不滿。

台灣食材化身為法國料理

回顧當時的時空背景，那時ＲＡＷ必須「刻意」選用菜市場買得到的食材，透過精緻餐飲的手法，創作出高級法國料理，而且讓它成為一種風潮，才能讓我的主張成立。現在大家或許都接受了，但當初ＲＡＷ仍在初試啼聲，必須「很明顯」、「很刻意」去做出這樣強烈的主張才能翻轉認知，而且一定要成功。

到底「用逛菜市場也買得到的食材來創作法式料理」有什麼錯？沒有！一點都不成問題。我的目的就是告訴大家：台灣這塊土地有著與國外高級食材一樣迷人的好味道，不用羨慕別人有鵝肝、牛排、魚子醬，我們一樣可以藉著卓越的料理手藝，呈現食材最美的一面，喚起大家重視台灣本土的食材。所幸，這幾年努力下來，果真有愈來愈多人接受本地食材，甚至比舶來品得到更多的誇讚與喜愛，開啟了台灣料理界挖掘在地食材的巨大風潮。曾有很多客人來到RAW用餐，不由得感嘆：「啊，這豬肉怎麼這麼好吃！一定是伊比利豬吧？」但謎底揭開，原來只是車程不到二十分鐘的深坑黑毛豬！這種翻轉的衝擊，也讓愈來愈多人看見，只要用心，什麼都有可能變大菜、變高級。

一道菜的真正價值

其次，值得討論的是，一道菜的價值是來自食材本身的價格，還是廚師賦予的價值？打個比方，我們在看一幅畫的時候，並不會問畫家用了幾斤的顏料，或是非得用某品牌的顏料，畫作才有價值。可是為什麼提到食材，就一定得用龍蝦、和牛、帝王蟹才是高級料理？我認為一家餐廳只以高檔食材做為號召，其實正好凸顯廚師的地位一直無法提升的問題。因為廚師欠缺足夠的能力與才情，為食材賦予更高的價值，無法為自己發聲，只好標榜昂貴珍稀的食材。

我一直主張，做為 artisan，廚師手藝的高下來自他為食材賦予的價值、傳遞的訊息，以及帶給客人的體驗與滿足。簡單來說，如果今天番茄採下來已經是一百分，最後沒有變成一百二十分，那廚師等於不具價值，甚至最後變成只有八十分，那更是不合格的廚師。就算是拿到只有十分的番茄，廚師經由手藝，將它轉化成一百二十分的水準，那更是出神入化，值得肯定。

一直以來，台灣人普遍看不起自己生產的東西，許多人都覺得一百塊的鳳梨就很好吃了，為何要花兩百塊買品質更優的鳳梨？台灣葡萄賣到日本，一串三千元，但台灣人會覺得三千元買一串葡萄，根本是傻子。積習日久，對自己產品有點傲氣的農夫，也認為不會有人願意掏更多的錢買他的產品。好幾次我們團隊辛苦探訪，找到很好的地方食材，跟農夫商量能不能賣給我們？農夫卻表示：「不行！我們只外銷到日本，台灣不會有人出這個價錢。」覺得台灣人不懂得欣賞他產品的價值。我遇到好幾次這樣的情況，實在非常感慨。

所以我給自己和團隊出了深具挑戰的功課，不只做好吃的料理，還要找到看似一般的食材，想方設法調理出新鮮的面貌，賦予截然不同的價值，讓大家回頭肯定台灣食材的精采。

促成一個產業改變

ＲＡＷ每季要換全新的菜單，只要做過的，再受好評我們也不留。這種做法，等於一年要創作出四套不同的菜單，而每套菜單有十二道菜，總計至少創作出四十八道料理。這也意味每一季大家必須想出幾十道菜從中挑選，這可能已經是其他餐廳一整年新菜色的發想數量。而且這還不包括聯名限定菜單，我們甚至曾經在一年內總共推出六套不同菜單。這麼高強度的拓展新菜色，除了是ＲＡＷ團隊的一大學習與挑戰之外，也讓我們無時無刻絞盡腦汁開發各種可能的食材。

除了種類力求多樣，還必須兼顧質量。ＲＡＷ開幕至今，只要有營業幾乎每天客滿，一天用餐人次多達一百五十位。在食材多樣及需求量極大的雙重壓力下，我們一方面向一般廠商採購食材，也到全台各地尋找食材。因此這幾年來，團隊夥伴在創作菜單之前，最重要的工作是親自拜訪產地，了解食材生長環境和風味，找出各種屬於台灣這塊土地的概念和記憶。平均每季我們必須向一百多位小農、漁夫直接採購，才足夠餐廳運用。

然而，到了下一季更換新菜單之後，使用過的食材再好，我們也不重複。這樣的做法，逼我們要不斷「開拓」，尋找更新、更好的食材。當ＲＡＷ凸顯某一種食材的優點，提升它的能見度，很多同業也來詢問我們產地在哪？哪裡買得到？我們很樂意無條件提供資訊，這並不是商業機密，他們也能採買運用，農夫漁民也可獲得其他餐廳繼續支持，從只有ＲＡＷ一家使用，變成十家餐廳都在用。然後下一季我們又換了菜單，重新開發新菜，將在地食材的潛質發揮到最大，對供應食材的農林漁牧業帶來正向影響。

在餐飲這個產業中，每個人都扮演重要角色，對小農而言，他的食材能夠變成米其林的精緻料理，是一種高度的肯定；對顧客來說，他們能不斷品嚐台灣食材，更加認同和珍視身邊所有的美好。有次客人還熱心介紹一位雞農的蛋雞能產下五彩蛋，每顆蛋的顏色都不同，可以變成我們創作的靈感。我們的廚師團隊也結識不少在地好友，或是常常收到從台灣各地寄來的「奇珍異果」，有陣子甚至得每天晚上下班前打電話給熟識的漁民，確認漁獲，同時教他們如何排列漁獲，以減少魚體受傷。

設立自己的有機農場

RAW每季也因為菜單的標準化，對特定品項的食材需求量變得非常大，而且每批次都要盡量穩定，這時小農根本應付不來。為了能穩定供應，我們由原本的「契作」，到後來發展出自己的有機農場，大概有五分地大，請農夫種植我們餐廳所需的蔬果。這其中難度很高，蔬果需要一段生長時間，為配合每季換食材，我們得預先栽培下一季會用到的蔬菜，而且為了防止被周邊農地汙染，這塊地還要補強很多措施，以確保整個農場做到有機栽培。

改寫台灣料理的地平線

在ＲＡＷ之前，我們從沒想過什麼是台灣味。我也覺得台灣料理缺乏明確的定位，如何向世界宣告我們是誰？我們的味道是什麼？ＲＡＷ的出現，潛移默化改變非常多的事情，示範了用台灣的食材做出好的料理，也改寫了台灣料理的地平線。經過這些年的教育與努力，大家已經很能接受吃在地、吃當季。我們的團隊可以驕傲的向本地和國外顧客介紹絲瓜、地瓜、宜蘭的三星蔥，或是烏骨雞、櫻桃鴨、胭脂蝦、噶瑪蘭豬等食材富含的特殊風味。不僅讓精緻餐飲概念更親民，更重要的是，人們對在地食材的認同有了一百八十度的轉變。我們甚至認為精心

培育的台灣當季食材，在量身訂做的烹飪設計下，比起那些遠度重洋的舶來品，更新鮮、更精緻、更難得，也更有價值。

每個餐廳都有它的設定，ＲＡＷ是我累積近四十年給台灣的一個禮物，嘗試以各種手法，將台灣的歷史、風土、記憶灌注於料理之中，呈現出此時此刻最道地的台灣味。我期待ＲＡＷ帶給大家很真實、赤裸、直接、單純的體驗。那是一種純粹性的追求，ＲＡＷ也是為這件事而存在，別無其他。

每個選擇都是社會責任

Chapter 28

一位廚師一個簡單的選擇，
可能就決定了世界上物產的消費走向。
不管是食材節令、取得方式還是烹飪手法，
細究起來，都是驚人的蝴蝶效應。

我們都知道，料理並不是從廚房的料理台開始，備料始於農場，源於大地。每個食材的取得背後都隱藏著某種意義的死亡，因此，廚師必須要對每一個食材負責，讓它以最美好的方式呈現。拉高視野來看，每一位廚師在選擇每一樣食材、做每一道料理，甚至提供的每一杯水，點點滴滴，匯集起來，都必然對產業與環境產生巨大的影響。每位廚師肩膀上都背負不可小覷的社會責任。

不要小看你的影響力

然而，很多廚師沒有意識到自己的角色，每天埋首於採買食材、烹飪料理、經營餐廳，廚房以外的環保、生態、教育、文化等社會議題，總覺得離自己很遠，甚至根本無感。就算意識到這些議題的重要性，或是想盡一點心力，也會認為人微言輕，加上工作忙碌，沒多餘的時間和力氣做出改變。

其實不然，我一直認為廚師做為掌握所有人「吃什麼」的守門員，才是最有可能改變未來的一群人。光是一個廚師每天進入廚房前，想著今天要做哪幾道菜，就足以改變世界。當今社會，由於生活步調愈來愈忙碌，習慣外食的人口比例增加，許多上班族因為工作關係，可能一週五天都在外面吃，只留週末兩天在家自煮。未來隨著人口結構變化，很多人甚至覺得好不容易有兩天週末可以休息，與其花時間買菜、備料、煮飯，還不如直接到餐廳用餐。而買外食或叫外送，也成為不可逆的趨勢（疫情期間更是如此）。未來，外食和自煮比例，預估可能會到七比三（甚至更高的八比二），也就是說，消費者十天裡，至少有七天在餐廳吃，只有三天在家裡自煮，廚師未來的社會責任只會愈來愈重。

假如社會上有七〇％都吃外食，等於有七成的情況是由「廚師」決定吃什麼。因此，廚師們決定用什麼食材、做什麼料理，就變得關係重大。我們的選擇將深深影響上游的食材供應商以及下游的消費者。

從菜園到餐桌是一件事情

假設世界上所有廚師都改用有機作物或採買季節性食材，那麼就等於至少改變半個世界的消費模式。例如，同樣是一根胡蘿蔔，廚師是選本地的，還是進口的？有機栽種的，還是基因改造的？同樣都是蘿蔔，這四者不只價錢不一樣，營養價值、種植過程也都不一樣，對大眾健康以及地球環境的影響也截然不同。假設今天全台灣的廚師都宣布：「我們只用有機蘿蔔。」可以想像，上游農民馬上會開始全力投入有機栽培，把農藥用量減到最少，做到友善環境。

但反過來，如果今天全台灣的廚師都說：「我們只要便宜的蘿蔔。」那上游一定會選擇價格最便宜、生長最快的品種，並且想方設法找出特殊的栽種方法，甚至用藥物讓蘿蔔可以長得更快、價格更低，至於品質和安全，可能就不是他們在意的重點了。或是如果今天全台灣的廚師都說：「我們不要蘿蔔了，以後都只用青花菜。」那農夫第二天一定會開著推土機到田裡，剷掉全部的蘿蔔，一窩蜂改種青花菜。所以，廚師光是每天進廚房想著「我今天要做什麼菜」，心中每項細微的選擇，其實都深深影響著地球環境，以及消費者健康。可以說廚師手中握有對未來農作與飲食發展的決定權，所以，食材的多樣性、環境的保護、食安的維護，廚師的責任比想像中的更大。

有人會說，我也不是沒有想要為環境盡一份心力，但消費者就是要「俗擱大碗」的料理，廚師也沒辦法。或是全球暖化與大量畜牧業有關，但消費者就是想吃肉，我們不可能不賣啊！以牛肉來說，透過宣導，讓消費者少吃或不吃，這當然是最好的源頭解決辦法。但身為廚師，依然可以決定菜單要不要有牛肉，或是選擇以什麼方式生產出來的牛肉？你要用貴一點、生產工序複雜一點，但是有機、本地或對環境友善的食材？還是你面對客人要什麼，就照單提供給客人，而且是挑最便宜的食材、最簡單的做法？在讓客人滿意之餘，廚師依然可以拿捏其中的平衡，選擇要給什麼，以及怎麼給，這就是身為廚師的社會責任，也是RAW為何不斷強調在地食材、節令食物的原因。

從一杯水開始改變環境

有些餐廳一直強調：「我們只用在地食材，關心碳足跡。」但是一提到水，就只提供法國氣泡天然礦泉水或是義大利的氣泡水。我隱隱然覺得不對勁，如果店家這麼相信有機、在地、碳足跡，而且向客人大力標榜自己的堅持，那不是連提供的水都應該一以貫之？當一個人真心相信某一個信念時，應該就會貫徹到日常生活的各種面向。甚至不只在店內，回到自己的家還是堅持有機飲食，這才是真正的信仰。

在ＲＡＷ某個不起眼的小角落裡放有一張小牌子，寫著：「台灣每年消耗十一億瓶包裝水，每生產一公升包裝水需要十七．五公升的水，其碳足跡排放量是非包裝水的二千三百倍。台灣每年使用的包裝水瓶達二．五萬噸，堆起來足足有三棟一〇一大樓。全球頂尖餐廳都已率先使用 Nordaq Fresh 飲水系統取代包裝水，積極投身全球環保行列。ＲＡＷ是台灣唯一一家採取這個系統的餐廳。」ＲＡＷ斥資近百萬設置了和全球同步的飲用水系統，想為每一杯水負責。縱觀世界五十大的餐廳，對於環境保護、食材在地化、碳足跡意識、打造有機農場等等，都已有基本意識及關注。而當全球過半頂尖餐廳都使用環保的飲水系統，ＲＡＷ的做法等於一舉將台灣拉到國際規格，一直到今天。做為地球村的一員，我們都希望能夠透過自己的影響力來改變這個環境。

再舉一個例子，西餐裡酒與料理密不可分，大家都知道酒與料理互相搭配，如同音樂上的對位，兩條或多條獨立旋律同時發聲，卻能彼此對話融合，讓旋律之間產生美好的相互作用。一家餐廳的料理有什麼樣的哲學，酒也應該要有相同的品味，這兩塊是平衡、對等的。可是我常常會發現一件事情，有些餐廳標榜自己只選用有機健康的小農蔬菜，或是強調減少碳足跡，但是一講到酒，標準就變了，強調昂貴的、國際名牌的酒，不在乎是否天然或有機，「有機」的思考在選擇酒品上變得沒有那麼重要，但這不就有點言行不一嗎？

如果這家餐廳的負責人相信有機食材對產業與顧客都是好事時，那麼挑選一瓶酒和挑選有機蔬菜的原則應該是一樣的。過去在Restaurant ANDRÉ裡，每一支酒我們都是向酒莊直接訂購，沒有經過其他中間商。就好像去市場，我們直接跟熟識的農夫訂購蔬菜，因為我們知道他怎麼種菜、用什麼農法、對環境是否友善，清楚掌握自己的選擇是什麼。

客人如果不飲酒，我們也依循當地風土研發另外的選項——發酵果汁。為什麼我們可以在新加坡做發酵果汁，其他地方卻沒有，包括ＲＡＷ也沒有？因為發酵水只能在新加坡發生。自然發酵最好的溫度是介於十七度到二十三度之間，新加坡恆溫如夏，一年四季三百六十五天發酵的品質是一致的，不會因冬天太冷或夏天太熱而改變，所以全世界沒有一個地方比新加坡更適合做發酵果汁。我希望提供給客人食用的東西背後的理念是一致的，緊扣著自然、風土、有機等核心價值。

改變社會的認知氛圍

一位廚師的一個簡單選擇，可能就決定了世界上物產的消費走向。廚師有責任替客人選擇好油、好菜和好肉，讓他們吃得健康，角色的重要性無庸置疑。輿論常說，要建立好的食安環境，必須改變消費者的購物習慣，但這或許只是第一層的觀點。我認為消費者購物的選擇基礎在於他內心的「認知與理念」，做為一名料理人，我們要改變的是社會整體的「認知氛圍」，當愈來愈多人認同某一種選擇才是對的事，就有機會形成氛圍，進而改變消費與生產，也才有可能在源頭創造實質的產業鏈改變。

常言道：「We are what we eat.」也就是我們吃什麼，就成為什麼樣的人。但是美國作家麥可·波倫（Michael Pollan）更進一步指出：「You are what you eat, but you are what you eat eats too.」（人如其食，人也如其食之食。）從餐桌的料理回到廚房的食材，由廚房食材再溯回它們的自然與風土，由自然風土再深入到生態系，這是一條漫長隱微，又時時作用的聯結。人類經由料理影響的層面已經遠及全球性的巨大規模，不管是食材節令、取得方式，還是烹飪手法，細究起來，都是驚人的蝴蝶效應。這也是為什麼我一直希望能以二十四節氣為主軸，寫一本《台灣飲食辭典》，因為如果台灣有十家，甚至百家餐廳，都按二十四節氣去採買當季的食材，在龐大需求的推動下，農夫就會跟著節氣種植對應季節的蔬果，當市面上大量供應著當季的食材時，整個生態鏈自然也就跟著改變。從餐桌返回到農場，料理也要回到孕育它的大地。由永續發展的觀點出發，RAW做為一家餐廳，不論是食材在地化、碳足跡意識、降低運輸及過度捕撈所產生的環境傷害、過濾飲用水系統、打造有機農場，都可以感受我們要與「時代共感」、與「世人對話」的用心，努力藉由料理，形塑全新的消費模式，做出對生活環境、社會、自然永續具有正面衝擊的改變。

廚師不只是料理人，光是在廚房做料理，就可以成為進步議題的設定者、倡議者。你的眼界，決定你的格局與行動，世界也會因你而不同。

為一頓飯創造一趟哲學之旅

Chapter 29

我將自己歸類為一位「策展人」，
用作品來展現觀看世界的方式。
因為設計體驗這件事遠大於「吃飯」，
而文化間的碰撞火花也遠大於餐會本身。

我的三個「C」

現今的料理人已經不是傳統意義的「伙夫」，一名稱職的料理人，他的工作美學包括了堅定的意、溫度的手、詩意的心、理性的腦、創造的眼，以及跨界的格局等五大切面，他必須具備豐富的知識和美學涵養，掌握歷史與文化，明白料理形成的意義，甚至扮演文化傳遞者的角色。我曾是一名廚師，之後變成一位主廚，成為一名專業的料理人。仔細回頭省思這個過程，我的角色可以濃縮為三個「C」：customer（顧客）、coach（教練）、curator（策展人）。

第一個「C」是指顧客：在所有的餐廳裡，當我與團隊工作時，我不是一個藝術總監或老闆的角色，更多是以一個顧客的角度來看待所有一切，傳達每一個產品概念給團隊夥伴，導引他們了解客人的想法、出發點，以及期待的高點。換言之，我是站在第三人稱的視角，提示團隊夥伴如何讓自己「被需要」。

第二個「C」是指教練的角色：身為主廚，就像一個教練，必須熟知團隊每位成員的長處與缺點，適時調度團隊，維持「引擎」最順暢的運轉，讓他們無形中領略餐飲經營管理的技能，對內可以處理廚房內大小事，對外也可以面對顧客。對我來說，這些都是同一件事，沒有跨界。我努力扮演好教練的角色，把他們訓練調教成「全才」，做到「成人之美」。

在這種教練哲學長年的實踐下，當初與我一起工作的年輕人，如今愈來愈有成就，也都有屬於自己的一片天。雖然傳統上有「出師」（台語）的說法，但我覺得沒有「出師」的客觀標準，甚至也沒有「出師」這件事情，因為這是一種永無止境的追尋，我們一輩子都在學習。

這兩個「C」前面幾章都有著墨，現在我要談的是第三個「C」：策展人。RAW不僅是餐廳，更是一個跨領域的平台。早在籌備階段，我們與建築設計公司WEIJENBERG合作策劃，結合了台灣藝術家如李霽（室內裝置）、鄒駿昇

（商標與菜單）等人，共同參與ＲＡＷ的設計，打造出這家風格獨具的場所，將餐飲空間設計推向全新概念。之後ＲＡＷ也贏得一系列國際設計與建築獎項，例如紅點設計大獎、A'設計大獎鉑金獎（Platinum A' Design Award），以及「世界最美的餐廳」之一。在這整個過程，我的角色晉升為策展人，讓餐廳不僅只是一個提供餐飲的地方，而是藝術家展演的平台。

在ＲＡＷ，我們致力為客人打造獨一無二的用餐經驗，而所有與這些有關的一切都是策展人的工作。我的「觀景窗」早已跨出料理，踏上了全新的地平線。

身為策展人，ＲＡＷ的所有活動都是經過深思熟慮、完整規劃才推出的。例如，二〇一九年七月底時，我在日本參與了兩場跨界合作，先是與新式茶飲店One Tree Hill Taipei一同受邀進駐著名的Kaikado Café（由京都百年手作茶筒老店開化堂所開設），為這場為期兩天的「One Tree Hill & André Chiang × Kaikado Café」設計創意甜點。接著在東京銀座米其林二星的法國餐廳ESqUISSE

Tokyo，與主廚里奧奈勒．貝卡（Lionel Beccat）合作，推出「RAW at ESqUISSE, Chapter II」，更是形同把RAW搬到日本。

不管是RAW團隊×法國米其林主廚，或是臺灣茶×京都老店的創意甜點，或是更早之前以川菜「前世今生」為主題的成都The Bridge廊橋和澳門川江月，很多人問我：「你怎麼什麼都懂？」「你懂法國菜，但也懂日本料理和川菜嗎？」

我過去二十六年都在法國料理的系統中，我當然不是川菜大師，更不是日本料理專家，但為什麼我敢做這些跨界合作？因為我從來就不把自己定位在某個菜系、料理，甚至某一家餐廳的主廚，而是將自己歸類為一位策展人。策展人必須清楚了解這家店、這塊土地、每種食材，甚至是每位廚師的專長，才能讓每個環節具體而微的架構出同一個主題的不同面向，用作品來展現觀看世界的方式，讓參與者在最短的料理體驗中得到最大的感官衝擊和滿足。因為設計體驗這件事遠大於「吃飯」，而文化間的碰撞火花更遠大於餐會本身。

為消費者創造一場學習旅程

策展人的功能是完全消化眼前這個主題、項目（如菜系或餐點），或是「這趟經歷的各種感受」，提煉出它們的DNA，然後以獨特的策展人視角及創意，帶領參與者進入相同的場域共感。就像裝上了我的眼睛，成為我的分身，藉由這場策展一起觀察、思考、感受。

我不是川菜大師，但當我掌握了川菜的歷史脈絡，探索川菜獨有的味型與味譜後，將川菜的DNA定義出來，就能把其中元素放入我所設計的料理中，讓每一位來到The Bridge廊橋或川江月的客人，在三個小時的用餐過程中，一步一步和我一起走過一場川菜之旅，進而走進川菜的世界，掌握我研究與過濾後所收穫的重點。

RAW有自己的主廚，就像成都有成都的主廚、新加坡有新加坡的主廚，他們都非常好的執行我對那家餐廳與料理的策展意念。而我雖是主廚，更是為每一家餐廳做定義的策展人。或許我不能每天同時待在每一家餐廳內，但我的想法與意念卻無處不在餐廳內，不只是料理，更包含了擺設、裝潢、餐具、燈光，甚至是每一位出現在店內的工作人員，都是策展的一部分。

在這個過程中，我讓大家藉由用餐的體驗來了解環境，了解我對於料理有什麼樣的想法，而這季的菜單又是在什麼樣的概念下訴說著什麼主張和故事。比起親自動手做一道料理，讓整個團隊都徹底理解我的策展思維，並如實呈現，這其實是比做菜更難的一件事。但當把料理從單純的「吃一頓飯」，轉化為可以傳遞給客人的「哲學旅程」，正是一位料理人最能創造料理價值以及自身藝術價值之處。

文化是品牌最好的香料

Chapter 30

品牌要讓人有印象，關鍵絕對不是原料用得多貴、多豪華，
而是你是否擁有自己的特色，就是這麼簡單。

二〇一八年初，我在成都開了川菜餐廳 The Bridge 廊橋，從過往的法式料理轉身投入川菜的世界，同一年聯合國教科文組織也將成都選為「年度美食之都」。隔年，二〇一九年一月，我受邀前往澳門演講，幾個月後，我和澳門永利皇宮合作另一間不同風格的川菜餐廳川江月也正式開幕，巧合的是，澳門也剛好在這一年被聯合國教科文組織選為「年度美食之都」。

愈在地，也愈國際

連續兩屆的「年度美食之都」我都恭逢其盛，從成都到澳門，我看到了全球餐飲趨勢正在轉變，在亞洲的經濟力與政治力崛起下，世界正吹起一股「亞洲風」。「亞洲料理」或「中國料理」並不是第一次走上國際舞台，但過去更偏向「有形而無神」，流於一種表面的刻板印象。就像過去在歐美，提到 Chinese food，大家會想到就是「左宗棠雞、咕咾肉、雜碎」這類的中菜，彷彿這幾道料理就等同於中菜。

隨著中國與亞洲崛起，愈來愈多海外國家，開始看見並好奇亞洲或中華料理其中所蘊藏的文化意涵，包括歷史、風俗、習慣的深層意義。如今，中華料理已經不再只是那些「Chinese food」，許多人發現，原來中華料理當中有許多獨特的烹調手法、技術、味道，甚至還有一些與歐美菜系相通。這些相異處與共通點，過去因為語言隔閡，國際廚藝界可能較無法掌握或了解。然而，隨著交流頻繁，加上科技傳播的助力，如今開啟了更多會通的契機。而這波「東西共融」的風潮，也帶動了韓國首爾、泰國曼谷以及中國大陸許多城市，從原本的「向外看」轉而「向內看」，透過別人反思自己，更加專注在「在地」這個議題。

近年來，亞洲料理在世界料理的大舞台上積極擴張，我覺得這是一件好事，代表

我們崇尚的料理典範愈來愈多元，不再以西餐馬首是瞻。這也是為何我選擇回到台灣，以「台灣味」為主軸開設了RAW，或是以川菜為核心，到成都與澳門展店，因為當我愈在地，同時也就愈國際。

家常菜卻滋味不凡

中國幅員廣大、料理歷史悠久，匯集出川菜、湘菜、粵菜、閩菜、蘇菜、浙菜、徽菜和魯菜這八種代表性的區域料理。而我一直有一個目標，希望找出台灣味型，建立台灣味譜，透過定義與架構，讓「台灣味」變成一套系統，成為中華八大菜系之外的「第九菜系」。但是很多人聽到這件事時，都面露懷疑：「這有可能嗎？」因為八大菜系淵遠流長，而料理的發展又往往是由簡到豐，從最開始的庶民小吃、家常料理，隨著時代演進，各種創意和新材料的加入，逐漸演變出各種豐富的料理品項，甚至擁有特殊的歷史典故或人文背景，讓料理可大可小、可奢可簡，百花齊放，因此也才能成為「菜系」。

但相比之下，台灣由於歷史短，很多料理都是來自於其他地方，加上不像中國某些地方可能是千年古都、六朝首都，台灣很多代表性的料理，本質上還是偏向小吃或家常菜。甚至有人會挑剔台菜少有什麼能夠上得了檯面的大菜，這也讓許多人擔心，這樣的條件下，台菜可能無法和八大菜系競爭，更遑論平起平坐。

「我完全不同意。」每次聽到有人這樣說，我都這樣回答。在我眼中，料理並沒有所謂的大菜、小菜。好比川菜，原本也多是家常小菜，甚至和「高級」沾不上邊，如今卻是華人社會覆蓋率最廣的一種菜系，不管在世界上哪個國家、哪個城市，只要有華人的地方，就一定可以看到川菜館子。川菜的特色在於精采多變的味型，因為早年四川曾是一個物資相對缺乏的地方，因此幾乎每道菜多少都加了辣椒，因為辣是最方便的一種調味，不管什麼東西，加了辣就有了滋味，也就可以入口了。這是平民的生活智慧，川菜充滿了這樣的庶民風格。雖然如此，卻沒有人可以否認川菜的地位。

從文化的根去理解在地

當我宣布要前往成都開川菜餐廳，許多人都問我：「你明明是學法國料理，又出身台灣，為什麼會選擇『川菜』做為新據點？」其實不管是台灣味也好，川菜也好，或是其他菜系，我並不拘限自己一定要做哪一種料理。我更在意的是，我在做這些料理時，其中的「文化內涵」有沒有被看到。

台菜要成為第九菜系，就像是要打造一個新品牌，品牌要讓人有印象，關鍵絕對不是原料用得多貴、多豪華，而是你是否擁有自己的特色、自己的味道組合，就是這麼簡單。這也是我這麼在意台灣味的原因。我一直有一個期望，有一天「中餐」或「台菜」能夠進入世界五十大最佳餐廳。很難想像，華人這麼多，亞洲和中華料理這麼多元，也有非常多厲害的廚師，但卻沒有任何一家餐廳進入世界前五十大。甚至當年五十大餐廳的主廚中，只有我一位華人，但我卻是做法國菜入選的。

隨著亞洲風的興起，我現在看到了這個夢想實現的可能。所以，我回頭做川菜、搬回台灣、重溫寫書法，都是希望能找回文化的根，讓自己在機會來臨時，不是只會做那些樣版的中國菜、亞洲菜，而是真實理解這塊土地所屬的文化。當從「文化的根」去理解「在地」，才有機會讓台菜成為一個「品牌」。

新中華料理的時代已經來臨，有成都 The Bridge 廊橋和澳門永利皇宮川江月的開疆拓土，新一代的亞洲料理人也一一浮上檯面，日本的茶禪華、香港的VEA、北京的玲瓏……，我們將會再次看到中華料理在世界發光的未來。

後記

一場心念的修練之旅

每個走進RAW的客人，一定都無法忽視占據左邊灰色牆面那段英文字。那是我的好友，澳洲傳奇主廚卡隆巴里斯（George Calombaris），在一次深夜的聊天中寫下關於kitchen（廚房）的一段箴言。

簡潔白亮的字跡寫在最醒目的牆上，宛如神諭般，占據最重要的位置。多數人經過它，大概都是匆匆瀏覽，頂多拍張照片，很少人深究其意，而我也從未仔細解釋它的緣由。

This is a kitchen. A place for creativity, a place to dream. Dream to be brave. Never to be afraid of making mistakes. Always questioning the possibilities, never sitting still, but always evolving and pushing ourselves. We will respect the past and never forget where we came from. Humility is our key ingredient. We are here not to feed the stomach but to fill the heart and soul. It is not about the country or the culture, it's about the state of mind.

If this is a dream please don't wake me up.

—— George Dimitrios Calombaris

這是一段帶點瘋狂與激情的故事。二〇一四年十二月初，RAW開幕前的一週，籌備工作如火如荼走到最後階段，所有設計、裝潢、設備、菜單一一就定位，唯獨我不在現場。當時我應邀到澳洲工作，行程滿檔，直到開幕前才能趕回來。在澳洲工作結束當晚，我的老友大廚卡隆巴里斯邀我到他的餐廳吃飯。卡隆巴里斯在澳洲擁有多家餐廳，他的料理揉合了希臘、賽普勒斯和義大利的精髓，長年在電視上主持帶狀料理節目，曾獲選為澳洲年度主廚，幾乎所有澳洲人都認識他。

由於隔天我就要飛回台灣，之後和卡隆巴里斯碰面機會不多，那晚我們喝了一點酒，聊得非常盡興，在客人三三兩兩離開，餐廳打烊、關掉大燈後，我們又繼續聊到凌晨。卡隆巴里斯問我未來的計畫，看著微光閃爍的酒杯，我提到隔天就要開幕的RAW，包括我的起心動念、初衷以及心靈深處的悸動。「我很小就離開台灣，離開很久，一直從外面看台灣。我希望我回去的時候，能夠帶給台灣一種嶄新的視野。」我說。或許是觸動了內心，話題便從RAW開始，聊到料理是什麼？廚房是什麼？餐廳是什麼？廚師又意味著什麼？微醺下，我們來回對話，關於kitchen的定義不斷閃現，迂迴曲折之間，最後回到了最原始、最乾淨的意念。卡隆巴里斯那晚說了許多充滿力量、熠熠耀輝的句字，美得像在法國湖邊寫出的詩句，我當場便用手機記了下來。

那晚，回到旅館之後，我的情緒仍在翻騰，腦海裡一直盤旋著卡隆巴里斯的字字句句，無法入睡，於是當下決定要把這一大段話刻在RAW入口的牆上。我趕緊起床將文句稍加潤飾，傳給RAW的夥伴。訊息傳到台北後，夥伴一片嘩然。當時離餐廳開幕只剩幾個小時，夥伴們表示：「Chef，這樣會來不及完成……。」但在我的堅持下，他們連夜分頭找人，終於找到一位藝術家願意徹夜不眠的把這段文字刻描上去，他一直工作到清晨五、六點才完工。當時整個餐廳什麼都不缺，唯獨這面粗礪的灰牆仍然空在那裡。一切彷彿宿命安排，注定要留給這段文字，獻給RAW的起點。幾個小時之後（加上一點時差），我飛回台灣參加開幕時，這些白漆都還沒乾。

這段文字並非出自任何一本書，或是從哪裡抄寫來的，而是我和卡隆巴里斯兩個人徹夜深談所得出的結晶。所有文字安置在一種均衡的密度中，無法再添上什麼，也無法再拿掉什麼。翻成中文的意思是：

這裡是廚房，是創造與夢想之地，夢想大膽冒險，絕不害怕犯錯失誤，敢於不斷質疑，挑戰所有的可能性，不斷蛻變前進，把自己推向臨界點，絕不停在原地等待答案。我們會尊重歷史與過往，永不忘記我們從何而來。謙卑是不可或缺的重要成分。我們在這裡不是為了餵飽人們的肚子，而是滿足他的內心與靈魂。一切無關國家或文化差別，而是關乎我們如何思想、如何行動。

如果這是一場夢，請不要將我喚醒。

創新

箴言以第一句「This is a kitchen.」破題，過去廚房被視為後台，但是RAW將廚房變成餐廳的火車頭。踏進餐廳，率先強調廚房，大大提升了後台的重要性，塑造前台與後台等量齊觀的印象、施與受的平衡、策展人與觀眾（參與者）的對位。往下解讀，若要我挑出最有感覺的字詞，第一個關鍵字就是「creativity」（創新）。料理的本質是創新，我常說料理是為每一個時代寫日記，記錄每一個時代的時空背景、生活方式、經濟狀態，以及人們是怎麼樣生活的。料理可以說是整體時代精神的精準切片。每個時代的料理都因應時空環境、生活樣態重新演繹和創新。

談到創新，你必須對現狀不滿，想像某種更美、更好的的畫面，才能驅動你實踐這個創新。滿足於現狀只會令你停滯不前。創新並不是天馬行空，也不是什麼一揮而就的天分，創新是「雙面刃」，可能成功，也會失敗。所以我曾說過：「Creativity takes courage, we chose to be the courageous one.」（創新需要勇氣，我們選擇做那個勇敢的人。）若不是更美、更好，更接近我們的理想，便是更差、更糟。

質疑

創新的第一步，你必須先拋棄已經熟悉的慣性，試一點不一樣的、不安全的，這就進入第二個關鍵字「questioning」（質疑）。對我來說，人生是一直不斷質疑的過程，要提出問題，首先必須真誠的面對自己，隨時提出問題：為什麼要做這件事情？怎麼樣可以做得更好？人通常都有惰性，只有對自己提出質疑，不停把自己逼到臨界點，努力追索新的可能性。所謂「行到水窮處，坐看雲起時」，沒有走到山窮水盡，就不會有雲氣嵐影的昇華境界。質疑，促使我們進步，如果我們停止發問，安於現狀、自以為是，就等於停止了學習，在完美之前止步不前。

根

第三個關鍵字句是「never forget where we came from.」（永不忘記我們從何而來。）我們不是虛空中的浮塵，有來處、有去向，是有根的人；不像浮萍寄望流水，不似風滾草迷失於沙漠裡，我們是有土壤、有底蘊的人。如同我心中永遠的「三棵橄欖樹」，我從來沒有忘記是什麼造就今天的我，我又將去向何方。我始終覺得，台灣有太多美好的人事物，但很多人並不知道它們的價值，也未能珍惜它的美，更沒有把它們組合起來，創造出全新的價值。當初RAW成立時，台灣絕大部分的餐廳著重技術的奇炫，強調食材來自國外，只有RAW將「我們從何而來」當成是料理重要的元素。

我們不忘根本，從開幕的第一天就強調「台灣味」，珍視我們的美好過往。如同書中提到的，在ＲＡＷ之前，很多人並不覺得台灣的食材有多了不起，以為舶來品才是高級貨；在ＲＡＷ之後，我們挖掘出台灣值得驕傲的東西，確立了自己的價值，如同我身在異鄉時，再怎樣豐饒或貧困，永遠都不會忘懷媽媽的牛肉麵。

謙卑

第四個關鍵字是「humility」（謙卑），「humility is our key ingredient」（謙卑是不可或缺的重要成分）。料理是一種情深的觸撫，我們以謙卑之心，創作有溫度的料理。不僅追求美味，更關照一個人身心靈的滿足與昇華，體驗美與崇高的人生境界。料理之道存乎於心，我們相信人性不因國族、文化，地域而有別，人性是可以同理共情的，通過精心烹調的料理，人們感受得到我們所為料理所獻身的一切。

心態

我希望在RAW，我們可以恣意的、單純的直接回歸到人性。而所有的執行面，所有的想像，都回歸到一件事，那就是「state of mind」（心態）。心態指涉心境、態度、精神樣貌、思維模式等等，主導一個人的思考及行為方向，關乎我們如何思考、如何行動。有近代心理學之父之稱的美國心理學家威廉．詹姆斯（William James）曾說：「思想（態度）決定行動，行動決定習慣，習慣決定性格，性格決定命運。」心態是一個人行為的種子，抱持哪樣的心態，便決定了你可以成為怎樣的人。人的靈魂深處有什麼東西，就會吸引什麼東西，因此，我們要絕對小心護衛心念，不要受到汙染、侵蝕。

這本《工作美學》就是修練心念的指引，從意（減法）、手（流雲）、心（痴迷）、腦（平衡）、眼（視野）五大切面，完整刻描出我心中對工作美學的方程式。我的人生就是工作美學最好的體現，而我之所這樣看重工作美學，正是因為我心中有一個烏托邦。

烏托邦

前面每一個段落，其實都嚴肅探討工作，但是談了這麼多，最終我只想要打造一個地方、一個空間，一個可以做白日夢的所在，能夠單純、恣意做料理，回到最初那個最單純的自己，靠近自己的初心，其他都可以不必在乎。最後一句「If this is a dream please don't wake me up.」（如果這是一場夢，請不要將我喚醒）點出了第六個關鍵字「烏托邦」（utopia）。這是一種夢境，一場饗宴，因為我們嚮往這樣的烏托邦，原本工作之中黑白分明的要求、規範，突然變幻為夢境般的繽紛多彩，輕盈起來，有了一雙翱翔的羽翼。這是我們身為一個料理人心裡的烏托邦，它這麼美，使我們置身其中不願意醒來。

以六個關鍵詞實踐工作美學

這六個關鍵字，「創新、質疑、根、謙卑、心態、烏托邦」所談論的一切，正好全部呼應了這本《工作美學》。我所界定的 kitchen 即是展現工作美學的場域，整個空間就是一個流動的整體。所有美好的人事物都同在一個空間裡融合，我們在這裡不只是做料理，而是將所有美好的想像貫徹於每個細節裡。

如果你認為每天的工作只是煎煮炒炸，餵飽客人，那就只是煎煮炒炸而已；如果你的心態與想像是，我現在正在做一個改變台灣餐飲最有價值的事情，這一念之轉就決定了你的視野與工作的價值。如同一個砌磚的工匠，你問他在做什麼，他說我只是在砌一堵牆壁，沒有什麼了不起，但另一個工匠卻說，我在建造一座永恆的教堂，讓大家來這裡崇拜上帝與美，他的格局和視野有多大的不同，他的心血與勞動也就提升為美。他投入其中的儀式感，他所賦予工作的意義，他所創造的衝擊力，將有多大的不同！

工作美學的一切與心態和想像有關，如同序言所說的，我們從工作中找到興趣、成就感，好像打遊戲一樣，每次遇到不同關主，都會逼你施展無限技法，帶給你無上的刺激與快感。晉級的快感是自己領受的，你不會找別人上場代打，只會想要親身淋漓盡致的經歷這一切。直到最後，在不知不覺之間，發現自己又進步了一些，又跨前了一步，進化成為一個更強大的自己。

工作美學是一種全心、全情投入所愛，自然煥發出的光輝與美感。而「創新、質疑、根、謙卑、心態、烏托邦」這六個關鍵詞，正是工作美學的實踐證明。或許，再加上一點對 kitchen 的瘋狂與激情。

【作者簡介】

江振誠　André Chiang

台灣首位米其林主廚，兩度獲《時代》雜誌讚譽為「印度洋上最偉大的廚師」。二〇一〇年，他在新加坡以自己的名字開設了 Restaurant ANDRÉ，接連入選全球最佳50大餐廳，並於二〇一六年摘下米其林二星。二〇一四年，他回到台灣成立了 RAW，做為向世界推廣台灣味的起點。

十多年來，他成功打造八間餐廳、八個品牌，每一個都是地圖上獨一無二的坐標。他的身分不只是主廚，更將自己歸類為「策展人」，結合「廚藝．創意．跨界．挑戰」四項要素，透過飲食的文化碰撞來展示他觀看世界的方式。

對江振誠來說，他做的不只是料理，而是將所有美好事物與想像貫徹於每個細節；他從事的不只是一份工作，而是全心全情投入所愛，是美學的實踐與證明。透過新作，他分享自己在生活中徹底實踐了三十多年的「工作美學」，一窺他全心追求的完美境界。

工作美學

THE AESTHETICS OF WORK

ANDRÉ CHIANG
江振誠

作者—江振誠
採訪整理—吳錦勳、遠見雜誌
總編輯—吳佩穎
副總編輯—黃安妮
責任編輯—黃安妮
協力編輯—吳愉萱
封面與內頁設計—究方社
封面與內頁攝影—簡汝羚 jemi CHIEN

出版者—遠見天下文化出版股份有限公司
創辦人—高希均、王力行
遠見・天下文化 事業群榮譽董事長—高希均
遠見・天下文化 事業群董事長—王力行
天下文化社長—王力行
天下文化總經理—鄧瑋羚
國際事務開發部兼版權中心總監—潘欣
法律顧問—理律法律事務所陳長文律師
著作權顧問—魏啟翔律師
社址—台北市 104 松江路 93 巷 1 號

工作美學／江振誠 著。第一版。
臺北市：遠見天下文化出版股份有限公司,
2023.07　面：　公分。(工作生活：BWL089)
ISBN 978-986-525-194-9（精裝）
1.CST：自我實現　2.CST：職場成功法
177.2　　110008515

讀者服務專線—（02）2662-0012
傳真—（02）2662-0007／2662-0009
電子郵件信箱—cwpc@cwgv.com.tw
直接郵撥帳號—1326703-6 號 遠見天下文化出版股份有限公司
製版廠—中原造像股份有限公司
印刷廠—中原造像股份有限公司
裝訂廠—精益裝訂股份有限公司
登記證—局版台業字第 2517 號
總經銷—大和書報圖書股份有限公司 電話—（02）8990-2588
出版日期—2023 年 8 月 4 日第一版第 1 次印行
2024 年 5 月 15 日第一版第 6 次印行
定價—NT 880 元
ISBN—9789865251949
EISBN—9786263552647（EPUB）／9786263552654（PDF）
書號—BWL089
天下文化官網—bookzone.cwgv.com.tw